Muestra del Folklore Margariteño

ROSAURO ROSA ACOSTA

Índice

Leyendas y Consejas

LAS ÁNIMAS DEL PURGATORIO

El lunes es el día de las ánimas. En los hogares margariteños se les reza y se les prende la esperma o la luz de aceite de coco para "sacar a alguna ánima en pena", "para cumplir con ellas" o para recordar a tal o cual difunto que "apareció en sueños" a cualquier miembro de la familia.

Se les alumbra también para hacerles alguna súplica o "encomienda" especial: "que el hijo ausente regrese pronto"; "que lleve con bien en días de chubascos a los que anden por esas horas por las aguas de la mar", "o que repare el animal u objeto extraviado".

Los lunes en el "aparador de los santos" o detrás de una puerta o en el rincón más oscuro de la casa o del rancho, previo el rezo de las oraciones correspondientes, arderá la vela o la luz de aceite. Este siempre se encarga "a las mujeres venteras de La Asunción", porque es en esa ciudad donde mejor se extrae el aceite de coco: "limpio, puro, que no ahúma".

El alumbrado se hace en las primeras horas de la mañana, y de su duración puede deducirse, si las ánimas necesitaban o no el alumbrado. Si la luz tarda horas en extinguirse, es porque "un ánima necesitaba esa luz para terminar de pagar sus culpas". Entonces es necesario rezarle por segunda vez.

Según la versión popular, las Ánimas recorren a ras de medianoche calles y sitios solitarios, y muchas personas aseguran que, hasta en horas meridianas han oído sus rezos y lamentos.

Las describen vestidas de blanco, con los pies descalzos y sosteniendo en las manos largos y brillantes rosarios. Adelante y separada por varios metros de distancia va la que dirige el rezo, que a las viviendas llega en sordo murmullo que hace "engrifar los pelos" a los oyentes. Al escuchar el rezo es necesario "acompañarlas", es decir, rogar por ellas, por su descanso eterno. De no hacerse así, se corre el riesgo de que todas las noches se escuche por largas horas sus gemidos y oraciones.

Cuentan que una noche pasaban las Ánimas y detuviéronse a las puertas del rancho de un pescador, quien ya fastidiado por aquel murmullo interminable, salió a la puerta y se encaró con ellas:

¿Por qué rezan tanto?

Y un coro de voces cavernosas respondió:

Rezamos por ti, porque mañana a estas horas serás como nosotras, ánimas del purgatorio.

Dicen que al día siguiente encontraron al pescador muerto a bordo de su pequeño bote.

A las Ánimas no se les puede hacer promesas en vano, porque de cualquier manera harán lo posible para que se cumpla con ellas. Peligroso es también apagarle la luz que se le tiene encendida sin causa justificada y sin antes rezarles y pedirles perdón por dicho gesto. Quien no procediere así, estará seguro que en sueños las ánimas le reclamarán tan grave ofensa.

En los hogares margariteños vive y perdura la devoción a las Ánimas del Purgatorio.

ANTONIO MOROÑO

Trepábamos la hebra parda del sendero que nos adentraba en el corazón del cerro canoso, que vivía contemplando el mar y sus gaviotas, y desde donde piraguas podían mirarse haciendo alarde de agilidad y destreza quebrando marejadas.

Llevábamos el encargo de recoger chamizas, arbustos y matas que no llegaron a vivir plenamente, porque el verano duro y fuerte les paralizó el verdor.

Las chamizas, después, candela o brasa, en la humilde cocina entonarían canciones o llorarían bajo el techo del aripo o la cazuela; y nuestras abuelas podían vaticinar que "llegarían noticias porque la candela estaba conversadora".

Dibujarían también caprichosas figuras sobre la panza negruzca del budare o exhalarían un aroma penetrante que se iría por el patio dando tumbos, pregonando sus ganas de regresar al monte en gruesas espirales de humo.

Era casi siempre sábado en la tarde o el domingo en la mañana o el día de fiesta nacional, cuando la escuela hacía un alto en sus problemas de reglas de tres ("obreros haciendo obras en cuatro días..."), o dejaba en suspenso el futuro hipotético del verbo caber.

Con nosotros la pala de machete, la cabuya del chinchorro y el cordón para armar lazos para coger potocos. Cuentos de cazadores en los labios o el temor de quedarse en el monte después de las seis de la tarde, porque a esa hora "salía la gallina con pollos" o el mismo Diablo podía cerrar el camino con tunas y cardones o llevarnos a un bosque de cuicas para sacarnos los ojos.

Antes del regreso revisábamos nuestros nidos, recogíamos pichigüeyes o le lanzábamos piedras a los "ñangaragatos" o "machiches" para oír trepidar sus alas verdosas.

Ya al regreso, los patios de las casas a nuestras vistas, las canciones sencillas, los cuentos ingenuos, los juegos tontos:

¿En tu casa mataron puertos?

Sí

¿Y tú le tuviste miedo?

¡No...!

Un movimiento brusco sobre la cara. El parpadeo de los ojos. Y el grito triunfo:

Sí le tuviste...!

Pero podría venir también en la brisa un grano de arena, una pelusa, la ínfima parte de una hoja seca y buscar en un ojo refugio o hacer en él una fugaz visita. Y la fe en el canto para el remedio:

"San Pablo sácame este palo.

San Pedro sácame este pelo.

Santa lucía sácame esta porquería"

Más alguien entonaba la copla y todos nos quedábamos asombrados, quién fue, dónde vivió, dónde está, qué se hizo:

"Antonio Moroño

mató a su mujer

con un cuchillito

del tamaño de él.

Le sacó las tripas

las mandó a vender

con la misma plata

compró otra mujer"

Y Antonio Moroño nos ponía en la noche el sueño inquieto, y nos sembró el temor de encontrarlo de tarde, sentado en el fondo de la quebrada, con la ropa ensangrentada y contemplando alelado el descomunal cuchillo.

EL BUQUE FANTASMA DE PUERTO MORENO

Igual que La Caranta, Puerto Moreno presenta sus aguas tranquilas, excelentes para el deporte náutico, inmejorables para la pesca del mandinga. Bajo la luz del sol la bahía es una inmensa lámina de plata, y en las noches de densa oscuridad, la ardentía pone tonalidades diferentes, que al contemplarla es toda un maravilloso espectáculo.

El Cerro de La Guardia y la Punta con su Angel de Piedra que el viento le labró en el costado, le separan de Pampatar y el Morro, para ubicarla en los linderos jurisdiccionales del Municipio Aguirre.

Sobre diminuta colina, a pocos pasos de la playa, se levanta el Caserío Moreno con su escaso centenar de habitantes, descendientes de catalanes, que en épocas coloniales fundaron hatos y labranzas. Y en donde, en los primeros años de la Margarita, se estableció -según la leyenda-, Claudio Moreno, el fundador del pueblo, venido de la Isla Madeira.

Rica en peces y moluscos, la bahía es el centro de operaciones de los trenes de pesquería, que en épocas de ribazón o "cuaresma", recalan para apresar grandes cardúmenes de carite o pargo.

Allí es por lo tanto perenne la presencia de "Vigías" para dar la señal del arribo del cardumen a los trenes establecidos en Pampatar o Bellavista.

Y han sido los "vigías" quienes han contado la extraña aparición de un gran velero, cuyas características recuerdan las naves de los descubridores, que al filo de medianoche o bajo plena luz del sol, se ve surcar raudas las tranquilas aguas puerto, con un tropel de velas y voces de mando, que no logran apagar sin embargo, los gemidos y maldiciones que, en apretado vocerío surgen de bodegas y sentinas.

Muchos han contado que, los alaridos desgarradores han poblado por horas toda la inmensidad de la playa; y el chasquido del látigo permanece silbando en el aire junto con el eco de maldiciones y llantos.

Un viejo pescador guarda indeleble el recuerdo de aquella rara aparición cuando una mañana, al levantar la atarraya para cobrar la cosecha de agonizantes peces es que acopiaron sus mallas, vio con sorpresa, a pocas brazas de su cuerpo, el enorme casco de la misteriosa nave, que con todo el impulso de las velas henchidas venía a encallarse en la ribera. Más de repente el grito:

- ¡ SALTO... ! A VIRAR!

Que una voz cavernosa hizo vibrar por horas en sus oídos, marcó la maniobra para que la nave siguiera airosa y ágil su rumbo, mostrando toda su exuberante arboladura, perdiéndose muy pronto en el horizonte.

Y cuentan: que ha muchos años naufragó en esas costas bajo la furia de un chubasco, un barco negrero, cuyo humano cargamento pereció atado a las cuadernas y mamparos de la siniestra nave.

Y que todavía, en noches y días de calma chicha, se escuchan ecos de llantos y gemidos como si brotaran del fondo de la bahía.

LA CHINIGUA

A medianoche -sobre todo en las de luna llena- aparecía en calles y caminos esta hermosa mujer. Quienes de cerca la vieron, la describen esbelta y hermosa, con sedoso pelo negro, suelto al aire como una bandera. Vestida con flamante túnica blanca.... en algunas ocasiones acunando entre sus brazos a un niño... y de andar apresurado como el viento.

Su presencia era precedida por llantos de perros y el graznar del chaure, heraldos de muertes y desgracias.

Cuentan otros que, en caminos y veredas, era mujer coquetona, enamoradiza de viajeros y caminantes, a quienes le dirigía piropos o canciones de amor. Pero la mayoría de las veces, sembraba de temor el camino, cuando presa de rabia o de celos, corría de un lado a otro, gimiendo o lanzando alaridos como una bestia herida.

Por Pampatar aseguran que, .en los montes que rodean al pozo de Guatapanare, en la vieja carretera que a Porlamar conduce, tenía su guarida, y que desde allí salía a plena noche o en la madrugada grande, a recorrer los caminos y las calles del vecindario.

La Chinigua, según aseveran personas ancianas, era una hermosa mujer, hija de noble y rica familia. Un "forastero" la sedujo y le dejó un hijo, a quién ella mató. Esta mujer murió después de vergüenza y dolor. Y es precisamente por eso que le hace el amor a los jóvenes, para envolverlos en vapores de azufre, llevarlos a la guarida y darles muerte, para vengar el engaño que a ella le hicieron.

En las casas donde ella toca las puertas, va con la intención de entregar el cuerpo de su hijo, y así salir de ánima en pena en que Dios la tiene por castigo del crimen cometido.

No sólo en los caminos y calles han visto a la Chinigua. Aparece también en las playas, en las rancherías y a bordo de los botes fondeados en el puerto. Los pescadores dicen que se les presenta bien vestida, luciendo collares de conchas y pulseras de caracoles.

Para librarse del embrujo de la Chinigua aconsejan azotarla con ramas de dividivi o con palos de piñón. Tratada en esa forma no volverá a molestar al joven de su predilección.

Pero la Chinigua hace años se perdió en los caminos y pueblos de la Isla. Aparece tan sólo en el recuerdo de las conversas familiares o cuando el abuelo refiere sus juveniles aventuras..., ante la sonrisa incrédula de sus modernos nietos.

EL VIGÍA DE PUNTA BERGANTÍN

Cuando recala "el turbio", ese fenómeno marino que nadie ciertamente ha podido explicar, viene la "ribazón". Los peces llegan a la costa en enormes cardúmenes. Los "peces de fondo" principalmente.

La ardentía llena de fulgor la bahía, y siguiendo la fosforescencia, los mandingas calan y rebozan copos y mangas de pargos, rabirrubios, guanapos y cunaros.

En épocas de "ribazón" se balizan las piraguas. La Caranta, Burro, Burrito, Bergantín. La Maroma, Comequenigua, son sitios especiales para esta clase de pesca.

De madrugada grande, el mayordomo del tren, se llegará hasta los ranchos llamando "a su gente", porque en las horas tempranas, antes de arribar el alba, es seguro que el cardumen "vendrá de bajante" y será fácil la calada.

Un tropel de voces y gritos plenará playas y puertos en las maniobras de varar o amarrar el mandinga, "meter la cuchara", cargar las piraguas y recoger redes y cabos.

"EL TURBIO" anuncia su llegada enviando a la ribera caracoles o pequeños peces muertos, varando algas, corales y limos, o con la afluencia de bandadas de pájaros marinos en las costas. Entonces los vigías turnan sus guardias de día y de noche para observar el aguaje, la dirección de la corrientada, y para gritar el "A BORDO", o sonar -en la noche- el caracol o botuto; si está muy lejos de la ranchería encender fogatas. Las piraguas bien tripuladas seguirán sus voces o señales.

Pero, a veces..., ha sucedido en unas cuantas ocasiones, el "A BORDO" llega claro

al filo de la alta madrugada. Alegre la voz, indicadora de que son unas cuantas arrobas que se acercan a la costa. El grito sigue firme sobre la cima del cerro, y el eco repercute por la calle de ranchos y estacadas. Los pescadores corren a sus piraguas y botes y siguen el rumbo del anuncio: A La Caranta... a Burro, a Burrito o más afuera aún. Luego viene la voz de Botar el Calón..., de bogar parejo hacia arriba. Repentino:... Un "PARAR LA BOGA...!" y el impresionante silencio del Vigía.

Entonces..., el patrón de la piragua manda a levar el mandinga, a persignarse a rezar en silencio..., porque quien gritó el "A BORDO" fue el "fantasma del Vigía" que sale en Punta Bergantín...

Creencias

EMBARAZO Y PARTO

"La mujer embarazada no puede ver un cometa, porque al hijo le saldrá en la cara o en cualquier parle del cuerpo una mancha roja" como la cola del astro o una mancha oscura bastante grande, si ve un eclipse.

Debe evitar también observar o reírse de cojos, tullidos, tuertos, bizcos o jorobados, porque "Dios castiga" y el hijo "puede sacar alguno de los defectos".

A una mujer embarazada no se le puede negar "ninguna cosa que pida" o por la cual "sienta antojos", porque al que le niegue "le saldrá un orzuelo", es decir un tumor o llaga en los párpados.

Una manera de predecir el "sexo del niño que la mujer lleva todavía en la barriga", es por la "forma del vientre". Si es redonda: "será hembra". Si es *puyúa*: "será varón".

Una "mujer en estado" no puede bañarse en el mar, "porque la mar se pone brava".

Para calmarse la acedía "masticará maíz amarillo o se colgará un collar de granos de dicho maíz".

Para los días cercanos al parto, debe proveerse de "*escorzonera*" y una botella de "miel de la tierra" con las cuales preparará los "bebedizos". La "*escorzonera*" se cortará en rodajas y éstas ensartadas en un guaral se pondrán a secar al sol. Después del parto se cocinarán y el agua del cocimiento se endulzará con la miel. Estos "bebedizos" sirven "para limpiar por dentro a la parturienta".

Dos días antes del alumbramiento, la "partera" visitará continuamente a la parturienta o dormirá en la casa de ésta por si acaso "alguna emergencia".

Realizado el parto y extraída "la placenta", la parturienta mandará a buscar a un hombre y una mujer de los vecinos, para que se encarguen de "enterrar la placenta". El hombre abrirá un hoyo, en el mismo cuarto si el piso es de barro o en algún sitio fresco del patio. Listo el hoyo y al proceder al enterramiento el hombre y la mujer escogidos para tal fin, rezarán un padrenuestro y un avemaría por la salud y larga vida del recién nacido. Estos escogidos serán de preferencia los "Padrinos de agua" o del bautizo del niño.

Además de "los bebedizos", la alimentación de la parturienta en los primeros días del parto, será de preferencia "caldo de gallina con algunas gotas de aceite de Castilla" y luego "pescado no sanguíneo", de predilección "cachicato asado" u otro pescado de "carne blanca".

Las parteras recibirán la misma alimentación y por su trabajo, ya que no cobran nada por ello, se les dará un regalo: un par de chinelas, un corte de tela para un vestido y la obligación del recién nacido cuando sea grande y "tenga uso de razón", pedirle la bendición "porque ella fue la que lo trajo al mundo".

Los vecinos irán a conocer al recién nacido, de preferencia en horas del día. Si la visita la hacen de noche, tienen que esperar un largo rato antes de pasar al cuarto de la parturienta, "a esperar que pase el sereno" que cogieron en la calle, porque de lo contrario al niño "le puede dar muermo", enfermedad grave que "ha matado a muchos recién nacidos".

Las frases más comunes para "cumplimentar a la madre" son:

¡Qué muchacho más aseado!

¡Que Dios te lo deje gozar!

Al padre del muchacho se le dirá: "Que está zorrocloco".

El padre brindará a los visitantes con "ron ponsigué" o vino. Este brindis recibe el nombre de "los meaos del muchacho".

Cuando el niño es "muy hermoso" y "alguna persona tiene que ver con él", es decir que manifieste admiración, o que "le llame mucho la atención", puede "hacerle *maldiojo*", lo que se evitará "dándole al niño una nalgada o pellizcarlo" para hacerlo llorar. Después se mandará a "santiguarlo".

Para ponerle nombre al recién nacido, se consultará el almanaque "para ver que nombre sacó". Este nombre se pondrá de primero y "del Valle" o "del Carmen" o "Ramón", de segundo, porque la madre "le pidió a ellos que la sacara con bien de ese trance". Ramón es un nombre que abunda en la Isla, porque los días cercanos al parto, se manda a buscar, para tenerlo cerca de la cama o catre, el retrato de San Ramón Nonato.

A los ocho días de nacido o un poco antes "se le echa el agua al muchacho", para evitar que "los chinamos lo visiten o el Diablo le haga alguna maldad".

Si el niño nació con "una vena azul sobre la frente o sobre la nariz", quiere decir que va a ser "*atravesao*", malo, tremendo y para contrarrestarle estos "inconvenientes", la madrina está obligada a regalarle una "llavecita de plata" que se le colgará e la muñeca. En la muñeca le pondrá también la "*mapascuala*", que tiene por fin librarlo de "*maldiojos*".

La "*mapascuala*" es la "semilla de un árbol de los caños". Esta semilla se coloca en una "bolsita o forro tejido con sedalina de color rojo que le hará la madrina o cualquier persona amiga de la casa".

Dicen que la "*mapascuala*" atrae la "primera mirada de la persona *maldiojera* y le hace perder fuerza al maleficio".

Hay muchas personas que tienen "fuerza de vista" y "hacen daños a las criaturas, los animales y a las matas de flores sin querer".

Cuando el niño amanece "*dengoso*", "que llora sin ningún motivo", "que no coge la teta", que "bosteza a cada momento", "que no agarra el sueño" y "tiene un quebrantico", eso es "señal de *maldiojo*" y es necesario santiguarlo.

En los pueblos hay muchas personas que saben "santiguar" y cumplen esta misión sin ningún interés.

Los santiguadores son casi siempre "personas mayores" que conocen "muchas oraciones" y "consejos" y "el poder de muchas matas que emplean en las ocasiones precisas". Para hacer el "*santiguao*" se proveen en la casa de una "ramita de yerbabuena", "de albahaca" o de una "rama de piñón que es más efectiva para sacar *maldiojos*".

Si la rama u hoja se "entristece" muy rápido, es "porque es muy fuerte el *maldiojo* que tenía esa criatura".

Concluido el ensalmo, la madre pagará al santiguador con cualquier objeto o algunas monedas, "para que el *santiguao* tenga efecto".

Si el nifto se queda dormido después de haberlo santiguado, "era verdad que estaba *enmaldioiado*".

Cuando el niño "ya está en edad de gatear, se le comprará una estera, para que vaya cogiendo fuerzas con sus piernitas".

"Si el niño gatea hacia atrás es que está pidiendo una hermanita".

Para que camine pronto si ha tardado en "pararse" y dar "los primeros pasos" se le colocarán en las piernas, amarradas cerca de los tobillos, "unas paticas de conejo".

Si al empezar a caminar se le notan defectos en las piernas, es decir, que va a ser "maneto", la mejor forma de corregir la falla, será "pararlo dentro de un pilón donde se ha acabado de pilar maíz, es decir que aún esté caliente", o se le "amarran en la noche as piernas, que queden derechas".

Para "quitarle el pecho" al muchacho o proceder al destete, cuando "ya está grande o criado", se untarán los pezones "con sangre de zábila" o con "ceniza"; de esta forma "el muchacho le coge asco a las tetas".

La alimentación será después con "*pericaguara*", sagú, maicena, atol de maíz cariaco, "arepa migada en asiento hervido", "caldo de pescado con las vituallas esmigadas", el pescado debe ser de pescados blancos.

Información recogida en Acarigua y Pampatar en 1941.

CREENCIAS

❖ **SOBRE PÁJAROS:**

Cuando la "paraulata" o "chulinga" canta cerca de la casa, "van a llegar buenas noticias".

Cuando la "paraulata" o "chulinga" canta y "para la cola", "es señal de mal agüero".

Cuando llegan a los pueblos bandadas de "conotos" o "angoletas", "va a haber hambre".

Cuando un "zamuro" o "guaraguao", se mete en una vivienda, "alguien de esa casa se va a morir".

Cuando el gallo canta al mediodía, "se va a morir alguien de la casa o algún amigo de la familia".

Cuando las gallinas "se espantan", "es que han visto el pecado malo", es decir el diablo.

Cuando canta "el chaure" por tres veces seguidas sobre la casa de una misma calle, "alguien se va a morir de repente".

Cuando las guaras o "guáralas" cantan sobre el pueblo, "hay alguna señorita que oculta su embarazo".

❖ **SOBRE INSECTOS:**

Si un mariposa negra se posa varios días en una pared interior de una casa, "alguien de esa familia va a morir".

Si es un "cocuyo", "se va a morir un niño".

Si es una "mariposa de colores", "va a llover".

Si un cigarrón vuela y tropieza con una persona y cae muerto, "a esa persona le va a ocurrir una desgracia".

❖ Sobre la Resonancia del Mar y las Siembras

Si "truena" Moreno, buen invierno.

Si "truena" El Tirano, buen verano.

Si "truena" La Ballena, la troja llena.

Si "truena" Guacuco, tiempo maluco.

LOS PÁJAROS AGOREROS

A medianoche, o en la alta madrugada, dejaba oír sus gritos como un latigazo, como un alarido, como un gemido largo, impresionante. Era el chaure..., anunciador de muerte. Tras de sus graznidos, -cantos decían en nuestras casas - surgían los aullidos de los perros, el alboroto de las gallinas, y con ellos, las oraciones, la plegarias, para que nadie del hogar, de los parientes, del grupo de las amistades fuese escogido por la Muerte, que por más de tres veces y en la misma dirección había pregonado el pájaro nocturno.

Para el chaure el "Dios nos salve"..."La Virgen nos ampare"..."El Cristo acompañe a los que anden a estas horas por las aguas del mar"...

Al chaure, el progreso con sus luces, sus ruidos, alejó de estos predios, y ya la Muerte no tiene quien anuncie su presencia.

En horas tempranas de la noche, después de la Oración, antes de salir la luna, pasaban y dejaban la estela larga de sus chillidos, agudos como silbidos misteriosos, como risas irónicas.

Dos, tres, seis, o más veces sobre el mismo lugar. Eran las guaras o guáralas, pájaros marinos, que sobre los poblados venían a denunciar el embarazo oculto de alguna joven soltera. Al día siguiente, comentarios, miradas escrutadoras a las núbiles damas, cuchicheos, murmuraciones, palabras o frases malintencionadas, "puntas", coplas, cantos de pilón:

"Quien te ve tan menudita,

tan bonita y tan bien puesta

y tiene su barriguita

que no es de mosquita muerta"

"El amor de un forastero

es como una espina de tuna,

que hinca y queda doliendo

sin esperanza ninguna"

A los pocos meses, llanto de recién nacido en el barrio, y las guaras o guáralas reafirmaban su prestigio de adivinadoras de ocultos amores.

Llegaban de repente en los meses de más intenso verano. En grandes bandadas. Negro y brillante plumaje. Todos los gritos del demonio en los picos. Cubrían los tejados, las copas de los árboles mustios. Interminable, mortificante el concierto de chillidos. Danzaban, revoloteaban, y de sopetón invadían los patios y las cocinas. Los Conotos: pájaros anunciadores de calamidades, de intensa sequía, de miseria.

Para contrarrestar sus maleficios, nuestras abuelas apretaban contra sus pechos las cruces de palma bendita. que conservaban desde el Domingo de Ramos, en el aparador de los santos.

OTRAS COSTUMBRES Y CREENCIAS

❖ Para que la suerte lo favorezca durante todo el año: en el momento que en la iglesia "repican gloria", durante la "Semana Santa", se recogen "siete piedritas y se guardan en el baúl".

❖ Para Calmar Tempestades: "Se reza la oración de Santa Bárbara Bendita":

> "Santa Bárbara bendita,
> que en el cielo estás escrita
> con tinta, papel y pluma...
> Apaga, Señor, tu ira...
> tu justicia y tu rigor...
> Apaga la lluvia y truenos
> que alumbre mañana el sol..."

Y se lanzará en el patio la "palma de cruz bendita" que dieron en la iglesia el Domingo de Ramos.

❖ Se encenderá la "luz del difunto" o sea, la esperma que dieron en el último entierro, y se rezará al ánima de este difunto para que le evite el peligro a "los que andan por las aguas de la mar".

❖ Para evitar rayos o centellas se colocarán en el patio "dos machetes en cruz".

LAS BANDERITAS

Cuando se inicia la edificación de una casa o rancho o cuando se empieza la construcción de un bote, es costumbre que el dueño de la obra o el maestro encargado de ejecutarla, le envíe "banderitas" a los amigos o vecinos.

Esta "banderita" es una participación a la persona a quien va dirigida, que el dueño de la obra o el maestro lo ha designado "padrino" de ella.

Se llama "banderita", debido a la forma que se le da al papel donde se escribe el mensaje. Se corta en forma de gallardete y por el extremo más ancho, se le clava una "varilla de vena de palma o de hoja de coco" que le sirve de asta o sostén.

El mensaje dirá..."que el señor X tiene el honor de nombrarlo padrino de la *encintadura* de su piragua"... o del primer horcón del rancho que levanta en X sitio".

El "padrino", al recibir la "banderita" pagará el pié al muchacho portador del mensaje, y enviará un regalo que puede ser una botella de aguardiente, algunos comestibles o monedas.

Todos los "presentes" recibidos se van juntando para que cuando termine la jornada se repartan entre los trabajadores o ayudantes voluntarios que se sumaron a la obra. A esa hora estarán en el sitio del trabajo todos los "padrinos" y se brindará con los licores recolectados para "que la casa sea firme y eterna" o porque "la piragua salga sortaria y caminadora".

La Salud y La Muerte

LAS MISAS DE SALUD

Es una vieja costumbre en Margarita que, cuando una persona enferma gravemente, ésta o alguien de sus familiares le ofrezcan a algún santo una "misa de salud" para que muy pronto "se reponga" o "cure definitivamente" el paciente.

A los pocos días de "abandonar la cama", debe empezar a cumplir la promesa, porque si no lo hace puede tener alguna recaída y morir.

Así, pues, la oferente, irá de casa en casa del vecindario y de los pueblos vecinos, "recogiendo la limosna para cumplir la promesa".

Alabado sea Dios, una limosna para una misa de salud dirá a las puertas de la vivienda donde ocurre. Y recibirá con agrado lo que puedan ofrecerle: un huevo de gallina, unas monedas, etc.

Si a sus ruegos le contestan: "Perdone, por ahora, que no hay nada para regalarle por los momentos"; responderá:

Que Dios lo ayude y siempre lo proteja.

Y si le contestan con "alguna *repostá*", dirá:

Que Dios lo perdone.

Tan pronto recoja lo necesario para el costo de la misa, la mandará a hacer de inmediato e irá de casa en casa para avisar la hora y el día de la misa, "para que la acompañen" y se aumente la fe en el santo escogido, "que la sacó del amargo trance".

Ella contará a todos sus allegados y personas extrañas a quien llegue a conocer cómo "ese santo le devolvió la salud".

UN SAN PASCUAL

Quizás, en la única parte de Venezuela donde se le tributa homenaje a San Pascual Bailón, sea en la población de Pedrogonzález de la Isla de Margarita.

Allí, al franciscano se le reconocen grandes poderes para cuidar la salud de los enfermos graves y moribundos, ya que una sola invocación o una súplica de los familiares del aquejado o del mismo paciente, "hecha con fe" al expresado santo, basta para que en pocos días "mejore el semblante" o se "recupere del todo" el enfermo.

Y no hay que ofrecerle velas, novenas, ni colgarle "milagros" a la imagen, sino prometerle "un baile con bastante alegría", que el favorecido debe "cumplirle tan pronto sus fuerzas le permitan ejecutar la danza".

Para realizar la "promesa", se hacen las invitaciones entre los parientes y amigos y "se hace correr la voz por todo el vecindario", que en la noche del sábado o del domingo escogido, "habrá un San Pascual" en la casa del ex-enfermo.

Llegados los músicos - conjunto de bandolín, cuatro y maracas -, antes de dar comienzo a la fiesta, una imagen del busto o un cuadro de San Pascual se colocará detrás de la puerta del aposento donde estuvo en cama el oferente para que "desde dicho sitio el Santo presencie el milagro que hizo".

Los músicos tocarán una pieza bastante alegre y larga: un joropo o valse "bien *tramao*", y la persona que hizo la promesa bailará sola, con un palo o con una escoba como pareja. Hará "figuras" o "pasos difíciles" para demostrar que está "rebosante de salud".

Los concurrentes aplaudirán y alentarán a la bailadora o bailador para que demuestre su agilidad y entusiasmo.

Concluida la "promesa", los invitados continuarán la fiesta.

San Pascual Bailón, según se afirma en sagrados textos, fue canonizado en 1690 por el Papa León XIII, quién lo declaró "Protector de las Obras Eucarísticas", y ordenó su conmemoración el día 17 de Mayo.

Había nacido en Torre Hermosa, Provincia de Aragón. Murió en Villarreal de Castellón. Su ciclo vital va de 1540 a 1592.

Hijo de campesinos, cuidó ganado y huertos en sus años juveniles. En 1564 ingresó a la Orden Franciscana y fue enviado a Francia donde emprendió tenaz lucha contra los calvinistas.

La devoción a San Pascual Bailón es muy antigua en Pedrogonzález, tal vez la llevaron allí los primeros españoles que se aposentaron en el hato de cabras y o ganado mayor que, en el hermoso valle de Arimacoa, como lo llamaban sus mansos y hospitalarios indios, fundara el franciscano Cayetano de la Guerra por el año 1771.

COSAS QUE ANUNCIAN MUERTE

❖ Cuando "el chaure" "canta" sobre alguna casa tres veces consecutivas.

❖ Cuando una gallina canta como un gallo.

❖ Un "cocuyo" que se posa sobre el techo o en las paredes o en la parte interior del dintel de la puerta principal de una casa, se va a morir "un muchachito" o "un ángel".

❖ Una mariposa negra que vuele y se pose por varios días en el interior de una casa.

❖ Cuando dentro de una casa se oyen murmullos.

❖ Cuando un perro llora en horas del día.

❖ Cuando una persona mira "visajes en los aposentos o en los patios".

❖ Una nube en forma de pluma, "se va a morir una niña vieja".

❖ Cuando en un entierro la "urna cruje", "el muerto se va a llevar a otro".

❖ Cuando una persona enferma empieza a "hablar sobre cosas que está viendo por un camino", "seguro que se va a morir".

❖ Cuando relata cosas y menciona nombres de personas que ve por un camino, "ya está desandando sus pasos".

❖ Cuando a una persona enferma se le da un remedio y éste se derrama, "eso es una mala seña", o de mala señal.

❖ Soñar con un vapor fondeando en el puerto, es señal de mala suerte.

❖ Soñar con un "mandinga" calado con bastante pescado, es señal de que alguien se va a morir.

❖ Si alguien de la familia del enfermo sueña con una fiesta, es porque muy pronto la va a caer luto.

❖ Si la persona enferma pide que le pongan sus zapatos y lo peinen, es porque ya se siente morir.

DICHOS Y EXPRESIONES SOBRE LOS MUERTOS Y LA MUERTE

- ❖ La muerte no tiene remedio.
- ❖ Hijos de la muerte somos.
- ❖ A la Muerte la llaman Pelona.
- ❖ Más seria que la Muerte.
- ❖ Más *templao* que un muerto.
- ❖ Templó el cacho.
- ❖ Más feo que un difunto.
- ❖ Sale más que un muerto.
- ❖ Más pedigüeño que las ánimas.
- ❖ Te va a salir el muerto.
- ❖ Muerto no sale.
- ❖ Muerte no suda.
- ❖ Muerto no llora.
- ❖ Muerto no siente.
- ❖ Muerto no habla.
- ❖ Muerto no hace falta.
- ❖ El que muere se acaba.
- ❖ El que se va no hace falta, ni el que se muere tampoco.
- ❖ Y... ojos que te vieron ir paloma turca.
- ❖ Limpio como talón de "angelito".
- ❖ Como perro que ve visiones.
- ❖ Se fue a sembrar chacos.
- ❖ Está sembrando chacos.
- ❖ Se puso "flux de cedro"
- ❖ Se vistió de palo

- ❖ Más olvidado que un muerto.
- ❖ San se Jodió no tiene remedio.
- ❖ Pa abajo ven los muertos.
- ❖ Más fría que la lengua de un muerto.
- ❖ Ya a ese no lo coge ni bala 'e máuser.
- ❖ El mayor dolor dura ocho días.
- ❖ Más *callao* que una tumba.
- ❖ Nadie se muere la víspera.
- ❖ Nadie sabe cuándo se va a morir.
- ❖ Más triste que un camposanto.
- ❖ Quién no va el día, va en la octava.
- ❖ La muerte no respeta plumas.
- ❖ Cuando la muerte llega no hay santo que pueda.
- ❖ De todo muere el hombre menos de parto.
- ❖ Estiró la pata.
- ❖ Salió con los pies de frente.

LOS ANGELITOS

❖ "A un angelito es malo llorarle porque no llegará al cielo".

❖ "A un niño hay que bautizarlo temprano, porque si se llega a morir sin estar bautizado, se convertirá en "duende o chinamo".

❖ "La urna de un angelito debe ser de color blanco. Los familiares no deben vestir lutos, porque un ángel no tiene pecados y va a estar al lado de Dios rogando por su madre y demás parientes".

❖ "A un angelito se le hace un sólo velorio. El de la noche de cuerpo presente, y en dicho velorio no hay rezos y están permitidos toda clase de juegos y alegría".

❖ "La madrina del angelito está obligada a regalarle la mortaja y la corona, y el padrino corre con el gasto de la urna".

❖ "De la urna de un angelito, para el entierro, colgarán seis cintas blancas o rosadas, las cuales serán sostenidas, «cuando vaya el entierro por niños del mismo vecindario»".

❖ "Al momento de vestir al angelito, se le colocará una coronita de estambre o de flores de papel"

❖ "El anda donde se lleva la urna no se carga en el hombro, sino a pulso".

❖ "Las coronas serán de flores de varios colores; en especial de «flor de la reina», en hormas de «ramos de guayacán»".

- "Si la madre del angelito llora la muerte de su hijo, los familiares y los vecinos tratarán de consolarla con el fin de que no continúe llorando, porque «pondrá a penar al niño». Se le dirá: «Resígnate... Dios te lo dio y Dios era el único que te lo podía quitar». «Ya tienes en el cielo un ángel que vele por tí». «Cada lágrima tuya es un retardo para que ese niño llegue al cielo»".

CAUSA DE LA MUERTE DE LOS ANGELITOS

- **"EMPACHAO"**: La madre le dio de mamar estando nuevamente preñada.
- **"DE UN AIRE"**: Lo sacaron del cuarto o de la casa sin abrigarlo y "cogió un mal aire". O le quitaron el gorro y "cogió frío por la *mollera*".
- **"DE MALDIOJO"**: Porque era muy hermoso o muy gracioso, alguien "tuvo que hacer con él y lo *enmaldiojó*" y no lo santiguaron a tiempo. Se fue poniendo triste, se fue aniquilando hasta que murió.
- **"DE UN VIENTO"**: Cuando le dieron la teta o el tetero "tragó un viento" que le "retorció las tripas" y no le valió "agua *cocía*".
- **"DE MUERMO"**: "La naricita se le fue trancando" y se murió.
- **"LE PICÓ CANGRINA"**: De pronto se puso morado y murió.
- **"DE MOCEZUELO"**: "Cogió frió por el *maruto*, le dio fiebre alta y no duró tres días".

VELORIO DE DIFUNTOS

Nueve noches de rezos - que en algunos lugares se prolongan hasta quince - efectúan a objeto de que "el difunto alivie sus penas y para que se presente lo más pronto ante Dios a rendir sus cuentas".

Ya amortajado "o vestido" el finado y colocado en su urna, preparado para el "altar del rezo", encendidas las espermas y la lámpara de aceite, se iniciará el rezo; velorio o velatorio.

Se colocará al comenzar de la tarde, en el dintel de "la puerta de la calle" una lámpara de carburo, de gasolina, o algún bombillo que anunciará a los transeúntes "que en la casa hay un muerto".

Los vecinos enviarán en calidad de préstamo sillas y algún otro mueble que se pueda necesitar, cortinas blancas o moradas, paños de mesa tejidos, especiales para el altar o el cuadro de algún santo, como "El Gran Poder de Dios", "La Santa Faz" o "El Cristo Crucificado".

Las mujeres se sentarán en las sillas de la sala donde está la urna, los hombres y los muchachos en las sillas de la puerta o del patio.

A medida que van llegando las personas para el rezo, se le da "el pésame a los familiares", quienes de acuerdo con el grado de amistad o parentesco, se abrazarán fuertemente con el recién llegado y dirán algo con respecto al finado: "de lo mucho que sufrió, de la atención que recibió de sus amigos y familiares. De todo lo que luchó en la vida". De su conducta: "que nunca tuvo ni un sí ni un no con nadie".

Cerca de la urna, al lado del altar, se colocará "la rezandera" o "rezadora", quien dirá sus mejores oraciones para "sacar de pena al muerto", "rogará por él para que por su alma brille la luz perpetua". Las mujeres restantes acompañarán el coro de los "padrenuestros" y "avemarías" y el "ruega por él en las letanías".

Durante el rezo no llorarán los deudos, porque si lo hacen interrumpiendo la oraciones, el "alma del difunto quedará penando y Dios no lo tomará en cuenta".

Concluido el rezo viene el brindis de café con galletas o bizcochos.

La rezandera - si lo pide - tomará "guarapito de citronera" para aclarar la garganta.

En la noche "de cuerpo presente", se brindará cacao o chocolate.

Terminado el brindis - que se repetirá varias veces -, empiezan los juegos. En la sala, las mujeres echarán adivinanzas o charadas, contarán historias, jugarán "juegos de prenda".

Los hombres, en la puerta o patio echarán chistes o "cachos coloraos" o los juegos tradicionales de los "velorios de muertos", el mudo o *tapao*, la tribulación, el sancocho, el de los santos, la tucupiana, o juegos de carta como truco, carga la burra. Todo esto es permitido para "pasar la noche" acompañando al difunto.

El entierro se hace generalmente 24 horas después del fallecimiento, pero este plazo puede prolongarse para efectuarlo en horas de la tarde, cuando el sol esté bajo y no "sofoque" a los acompañantes.

La urna, en algunos lugares, se coloca sobre una tarima o anda y en otros se lleva diréctamente sobre los hombros de los cargadores. Estos se turnarán en el trayecto de la casa a la iglesia y de ésta al cementerio.

Si durante el entierro "la urna va crujiendo" es que el difunto se va a llevar a otro "ya sea familiar o vecino".

Los muchachos llevarán las coronas y otro llevará las cabuyas, para bajar la urna al foso. Otro "la bandeja con las velas adornadas con cintas negras"; las cuales repartirán en la iglesia y se encenderán cuando el sacerdote inicie los oficios. El cabo de esta vela se la guardarán los acompañantes al concluir los oficios, porque es de mucha utilidad en las noches de tormenta o tempestad. Se enciende y se pide al difunto que calme el mal tiempo y "lleve por buen camino a los que a estas horas andan por los caminos de la mar".

Efectuado el entierro, los muchachos traerán la angarilla o anda y la guardarán en la carpintería donde hicieron la urna del difunto o en la casa "donde siempre se deposita".

ALGUNOS JUEGOS DE VELORIOS

❖ La Jardinera

Es exclusivo de las mujeres. Juego de sala. La encargada del juego pondrá nombre de flores a las participantes que forman fila o "hacen una rueda para jugar". El juego consiste en hacer rimar el nombre de la flor con otra flor, cuando se le "mencione o señale", la que no logre hacerlo perderá y saldrá del juego.

La jefe del juego o jardinera empezará:

Jardinera, jardinera, como jardinera al fin,

¿dónde encontraré por fin el hermoso girasol?

El girasol responderá:

Es cierto que soy tu amor.

Y si Ud. no me lo impide,

esta mañana lo vi sobre la cayena.

La Cayena:

Es cierto que vivo llena.

Si Ud. no me lo impide

esta mañana lo vi sobre el amaranto.

El Amaranto:

Por tí me he largado en llanto.

Si Ud. no me lo impide

esta mañana lo vi sobre la gladiola.

La Gladiola:

Es cierto que vivo sola...

❖ El Santo

Juego en cual pueden participar hombres, mujeres y muchachos. Un "dueño de los santos o vendedor", un ayudante, un comprador. El participante tratará de imitar o representar fielmente al "santo que le ha tocado", y cuando sea "examinado" por el comprador, mantendrá la compostura, no se reirá ni hará morisquetas porque si lo hace "será descartado" y el vendedor le caerá a cuero con un látigo hecho con pañuelos retorcidos.

Tanto el comprador, como el vendedor y el ayudante, harán todo lo posible para hacer reír "a los santos", le harán cosquillas, le pellizcarán, etc. Si el "santo" no ríe ni habla será comprado por una fuerte suma de cigarrillos, caramelos, etc.

Informó: Carmen Acosta, Pampatar. 1969, 16 de marzo.

REGLAS PARA EL LUTO

Para el luto rigen las siguientes normas:

Cuando muere la madre y deja hijos pequeños, se les pondrá a los chinchorros donde duermen dichos niños, "una tira o trapo negro en las cabuyeras o en los hicos", a fin de que la madre "no se los lleve".

Los varones usarán el luto: "una cinta negra en el sombrero" o una "tira negra en la manga del saco".

Por la muerte de los padres, las mujeres llevarán "luto cerrado", traje negro y la cabeza y la cara recubiertas con un "paño". Este paño se usará hasta por un año. El traje negro por cinco años. Por un hermano: el luto durará tres años. Por el abuelo: un año. Por un tío seis meses. Por los padrinos: seis meses. Por los primos: tres meses.

Por los parientes y vecinos, "se guardará una "consideración" de un mes o quince días"

Informó: Carmen Acosta, Pampatar. 1969, 16 de marzo.

De Los Juegos Infantiles

LOS VOLADORES

Los "papagayos", "cometas" o "papelotes", reciben en Margarita el nombre de "VOLADORES". Y es un juego de muchachos, de jóvenes y aún de adultos. La "época" de los voladores es "en los días de cuaresma", cuando soplan los vientos frescos y en los meses de agosto y septiembre, en plenas vacaciones escolares.

El juego ha perdido la importancia que tuvo antes y apenas se manifiesta en Caseríos o Barrios. Es de hacer destacar que, disposiciones policiales lo prohibieron en ciudades y pueblos por los daños y peligros que ocasionaban en las redes eléctricas.

Los "VOLADORES" se hacían de diferentes tamaños, colores y figuras, y existían en las localidades personas "especialistas" en hacerlos. Personas que se "esmeraban" en construirlos al recibir encargos, sobre todo si eran para señoritas o para muchachos de gente acomodada. Justo es de reconocer que nada cobraban por su trabajo, sólo les importaba la fama que se les daba por tales menesteres, y apenas si pedían los materiales o para los materiales: hilo, almidón, papel de color.

Entre las figuras más curiosas de voladores estaban las "picúas" (parte superior en forma del pez de este nombre), estrellas, palomas, loros, muñecos, morochos (dos muñecos unidos), vapores, zapatos, zapatillas, toros, niñas, etc. Los muchachos no tan peritos en la materia los confeccionaban de forma cuadrada.

Un volador se construye, si es pequeño, con varillas de la palma de coco, que se atan con "hilo de ovillo" (hilo común de coser) y se forra con "papel de estraza", pegado con cautaro, almidón o harina.

Si es de tamaño regular o grande, la armazón es de "tiras" de "caña brava", "latas de dividive" o con "tablitas o listoncitos de cedro" estas se amarran con guaral o "hilo sevillano" (especial para tejer redes de pesquería) y se forra con papel grueso. El "papel florete" era el preferido. Sobre éste van las "franjas de papel de color". Este papel de color se adquiere en las bodegas del pueblo, a locha o centavo el pliego.

Además de la estructura, las otras partes del "volador" son: la "trompeta", varilla en forma de arco que se le pone en la parte superior. Detrás de ésta, va un hilo en el cual se le pega "la papeleta", de papel fuerte para que vibre con el viento. En otros lugares recibe el nombre de "tronador". Los "fieles del hilo", son tres cordones: dos que salen de la parte superior del "VOLADOR" y uno del centro y se une a la distancia que se precisa. Estos "fieles" son para atarle el "hilo o cuerda" que suspenderá el volador. Los "fieles del rabo", que sostendrán el "rabo" y la "madrina". Estos se hacen con tiras de "trapo viejo".

De acuerdo con el tamaño del "volador" se escoge el hilo. Los más usados son "el hilo de ovillo", "el hilo de carrete" o "hilo N° 8",el "hilo de tejer alpargatas" y el "hilo sevillano". El hilo se ata y se arrolla en un "palo" confeccionado para tal fin.

Para elevar un "volador" se precisa en muchos casos de la ayuda de otro muchacho que lo "ponga" y lo "afloje" cuando sople el viento.

Si el viento "escasea", es necesario "llamarlo" con un silbido o con el ruego de "sopla viento, sopla". A medida que el "volador" sube, se le va arriando hilo. Un "VOLADOR" bien hecho "empinará", es decir, el hilo que lo sostiene debe quedar tenso, sin "formar barriga" y "al cambiarlo" (lo que se logra imprimiéndole movimientos al hilo en diferentes direcciones) no debe irse de un costado o "cabecear". Si alguna de estas cosas ocurre, es necesario revisarle los fieles o "caparle el rabo".

En épocas de voladores es costumbre "montarlo" desde por la mañana y dejarlo amarrado a un árbol del patio. En horas de la tarde los muchachos y los hombres se reunían en un sitio especial -bastante despejado- para echar los "voladores". Para este juego - algo peligroso - se coloca al rabo y a la madrina, debidamente atadas, "bellacas" (trozos de vidrio) y "pomas", (trozos de hojillas de afeitar). Se maniobra el "VOLADOR" a fin de que los rabos rocen con el hilo del volador contrario hasta "picarlo".

En las primeras horas de la noche se "recogen" los voladores. El hilo se enrolla en el "palo". El rabo se recoge en forma circular y la "pelota" del hilo se mete en el centro del rabo, y el "volador" así recogido, se "guinda en su clavo", para "echarlo" en la siguiente mañana.

El Mar en el Folklore

AL BAÑARSE EN EL MAR

Para bañarse en el mar, y evitar "ahogarse o peligros" es obligatorio: "mojarse la mano derecha con el agua de la orilla y persignarse". Luego, con la misma mano, tirar agua hacia adelante y decir "!Dios!", después con la izquierda, y decir "¡La Virgen!". Con la derecha de nuevo, y decir: "¡Yo!". Repetir: "¡Dios, La Virgen y Yo!" y entonces zambullirse.

EL AGUA DE MAR

Es utilizada para los dolores de las piernas. Para golpes e hinchazones.

Los artríticos o reumáticos "deben bañarse en el mar, en horas cuando el sol está, caliente", y luego "enterrarse en la arena".

Para curar la gripe: durante tres días se debe bañar en el mar y tomarse, en dichos tres días, "tres tragos de agua salada", para "limpiar el pecho".

Las mujeres embarazadas no deben bañarse en el mar, "porque la mar se pone brava". Es decir, levanta altas marejadas.

Para que a los animales domésticos: perros, burros, puercos, etc. "no les pegue peste", es obligatorio "bañarlos en la mar el día de San Juan".

El "día de finado", los pescadores no deben ir a la mar, ni ninguna embarcación debe salir a navegar, porque en dicho día los botes "no caminan" y crujen corno urnas. Además "las ánimas andan sueltas" y pueden aparecer por las playas o por las aguas de la mar.

PARA ECHAR UN BOTE NUEVO A LA MAR

Motivo de fiesta playera era antes "echar un bote nuevo a la mar". El día anterior a la fijada para este acto, se limpiaba muy bien de "virutas y astillas", la carpintería o sitio donde se construyó la embarcación. Se mandaba al monte a hombres conocedores a cortar "cardones" para colocar a lo largo del trayecto que recorrería el bote hasta llegar a la playa. Se haría acopio de palos redondos y varas fuertes y largas para que la "quilla del referido buque se deslizase" y otros palos fuertes para piolines y levas necesarias para en determinado caso "levantar" el bote.

Se tirarían cohetes al acercarse la noche anunciando que mañana será el día de la botadura.

Al amanecer se dispararían profusión de cohetes y el dueño de la embarcación empezaba a transportar aguardiente para brindar a los asistentes.

Hechos los preparativos, colocados los "cardones" y los "palos", puestas las "vetas" en las bordas y anunciando el empuje. Y ya en la popa quien va "echar la voz", empezaba el canto:

«Y allá se va, señores, la Luisa María, que es un bote liviano y caminador... que no le teme al chubasco y a las marejaaadaaas...Uf...»

Y, a este "Uf...", coreado por los empujadores, el bote era remolcado hasta la playa y, antes de "echarlo al mar", se embarcaban los carpinteros y los dueños para revisarlo si "cogía agua" y corregirle las pequeñas averías o "probarlo" navegando en la bahía.

SAN JUAN Y SAN PEDRO EN LA ISLA DE MARGARITA

Los días consagrados a San Juan y San Pedro, en Margarita, siempre han tenido especiales celebraciones. El Bautista es Patrono del Valle del San Juan y el Apóstol lo es de la Isla de Coche. A ambos, en los pueblos mencionados, se les tributan grandes celebraciones: Día y Octava, con vísperas, rosarios, misas y procesiones, en cuanto a lo religioso. Quema en profusión de fuegos artificiales, paseos de música, bailes, juegos, etc., en cuanto a lo pagano.

En los puertos principales de la Isla tienen efecto en esos días regatas de botes y piraguas, son casi rituales los baños de mar, y por las tardes tiene el "barloventeo" o sea el paseo por la bahía de grupo de personas a bordo de embarcaciones empavesadas. Se cantan canciones marineras y se disparan cohetes de multicolores luces. Muchos barcos se alejan de la bahía y se dirigen a sitios de interés: El Farallón, El Morro, Los Frailes...

En las rancherías, conjuntos de pescadores cantan y bailan.

Se observan ciertas costumbres en los mencionados días. Las jóvenes casaderas consultan su destino por medio de un huevo que quiebran dentro de un vaso. Esto lo hacen a media noche para leerlo en las primeras horas del Día de San Juan. Ver dentro del vaso la figura de un barco es indicación de viaje próximo. Flores y coronas señalan matrimonio, pero una cruz o un rosario es señal inequívoca de próximo duelo en la familia.

Las damas y los niños pequeños tienen en dicho Día la mejor oportunidad para cortarse el pelo y asegurarse así la lozanía y belleza del cabello por muchos años. El cabello cortado en este día se colocará debajo de una de las tinajas en donde se almacena el agua para los oficios domésticos.

El baño de mar liberará el cuerpo de daños y "maldiojos", por eso "no se debe sacar el agua salada", es decir, no se debe lavar con agua dulce porque al hacerlo se perderán todos los "beneficios del baño".

De campos interioranos concurren a "pasarse el día en la playa", y algunos campesinos bañan a sus burros en el mar para librarlos de plagas y pestes.

Sacar chipichipes y guacucos y recoger conchas y caracoles es deporte obliga-do en tal ocasión.

Justo es hacer notar que siempre el Día de San Juan, "la mar amanece como un plato", es decir, en completa calma, con aguas claras y mansas olas. San Juan "que tiene días durmiendo" cuida de que el ruido de la mar no lo despierte, reza la popular creencia.

El día de San Pedro, en cambio, la mayoría de las veces soplan chubascos, hay lluvias o mar picada. Cuando más los muchachos se arriesgan a "correr burras", o sea, dejarse arrastrar por las grandes marejadas. Con la mar en estas condiciones no hay "barloventeo" y el baño de mar se suprime. "San Pedro está bravo" aseguran en tal oportunidad.

Tampoco es apto San Pedro para cortarse el pelo. Hay el temor de quedarse calvo. El "polo" dice:

> San Pedro como era calvo
> A Cristo le pidió pelo.
> Y entonces Cristo le dijo:
> Quédate sin pelo, Pedro.

En algunos pueblos aseveran que San Pedro es día peligroso, que no pasa sin dejar algo desagradable: enemistades, riñas, o algún naufragio.

Con gran alegría esperaban los muchachos del puerto los días de San Juan para "echar a la mar sus botes de boya" que sus padres o amigos marineros les construían. Dichos botes eran siempre réplicas o imitaciones de los grandes y famosos veleros de la Isla. Diferentes tipos de casco y de arboladuras navegaban por las aguas menos profundas de la bahía: balandras y trespuños, zancos y faluchos, goletas, piraguas, curiaras, canoas, orejetas, con todos sus enseres y aparejos, desplegados los velámenes, la bandera tricolor en lo alto del mástil y el "fleje" para estabilizar la navegación. Hermosos nombres en las popas y costados pintados con especial cuidado.

Las playas de Moreno. El Morro y Bella Vista. La Calera. El Tirano. Guacuco, Burro, Burrito y La Caranta eran, y son, las preferidas para disfrutar las fiestas de San Juan y San Pedro.

En algunas ocasiones se celebran velorios de cruz, como "pago de promesas" por favores recibidos de los mencionados santos. En La Caranta, en Pampatar, el día de San Pedro se realiza el velorio de la "Cruz de la Vencedora", en la cual depositan su fe pescadores y marineros de la hermosa playa.

El Pilón, Las Arepas Y Los Cantos De Pilón

EL PILÓN, LAS AREPAS Y LOS CANTOS DE PILÓN

La actividad de "pilar el maíz" en las viviendas para confeccionar las arepas, está casi extinguida en las casas de Margarita. Apenas en algunos lejanos caseríos queda agonizante tal costumbre.

Otrora, en casi todas las viviendas existía el pilón, cuyo utensilio se traía generalmente desde la Costa Firme, de la Otra Costa o desde los Caños. En algunas regiones de la Isla se construían de "Aco Amarillo", y en La Asunción y Paraguachí se hacían con troncos de cocoteros.

El pilón - casi siempre - un tronco de "palo-sano" horadado hasta más o menos una profundidad de 40 a 50 centímetros.

Las "manos" de la misma madera o de otra "de corazón". Tanto el pilón como "las manos", llegaban a durar largos años. En una casa de Pampatar existe uno que estuvo en actividad más de treinta años.

El pilón se ubicaba en el alar de la vivienda, en medio de la cocina o bajo la sombra de algún árbol en el patio. En ciertas regiones el pilón se enterraba hasta cierta altura para inmovilizarlo y hacer más segura la pilada. En otras, estaba libre y se rodaba hacia el sitio escogido para el trabajo, y concluida la labor se "tumbaba" y se recostaba a la pared para que no estorbase.

Para pilar cierta cantidad de maíz, se le anexaba al pilón un pedazo de lona, encerado o algún saco, fuertemente atado con un cordón o cabuya. Este recubrimiento se denomina "falca" y tiene como fin evitar que el maíz al recibir los golpes de "las manos" caiga al suelo.

La hora escogida para pilar era casi siempre de las dos a las cuatro de la tarde. En ese lapso podían pilarse uno o dos "almudes" de maíz.

Se pila a una o dos manos y el trabajo se acompaña con cantos o coplas en las cuales se expresan críticas, noticias o asuntos amorosos, casi siempre.

Pilar es actividad propia del sexo femenino, pero en algunas localidades los hombres acostumbran a hacerlo también.

El canto comienza con un "eco" o "arrullo"

..."oy... oy... oy... oy.

on... on... on...on..."

Luego se cantan los dos versos de la copla. Se intercala nuevamente "el eco" oO "arrullo" y se entonan los versos finales de la cuarteta:

...Oy... oy... oy... oy...

on... on... on... on...

Ya pilé todo el maíz

que mamá mandó a pilar

Pilé yó y piló María

y también piló Pilar.

...oy... oy... oy... oy...

on...on...on...on...

Las coplas se improvisan, y como ya hemos expresado, en ellas se hacen comentarios de asuntos ocurridos en el lugar, de los nuevos amores de alguna muchacha del barrio, etc.

A intervalos se hace alto en la faena y en el canto para "revolver el maíz" y sacar los granos que se han metido en la "falca" y para probar el estado del grano, el cual debe quedar "a punto": ni "buche" (mal pilado, casi entero), ni vuelto un "jeñique" (pilado de más, vuelto harina).

Concluida la operación del pilado, se quita la "falca", se echa el maíz en "bandeja" (recipiente de madera, forma cuadrada, construida especialmente para estos menesteres) se "tumba el pilón" y se acomoda junto con "las manos" recostado a la pared o recostado en su respectivo lugar.

Luego viene el "venteo". Se pone un pedazo de lona en el suelo y se agita la bandeja que contiene el maíz pilado con movimientos de abajo hacia arriba. Con dichos movimientos se desprende "la cáscara" que caerá en la lona. La "cáscara" o "concha", junto con el agua con que se lava después el maíz, se utiliza para la alimentación de los cochinos.

Ya venteado y lavado el maíz, se pasará a la "cazuela" y con agua suficiente se pondrá a "calentar". Durante la cocción hay que tomar medidas o tener sumo cuidado de que no se "cocine", por lo tanto hay que estarlo probando siempre con la "totuma". De acuerdo al "sonido" que haga al revolverlo con la "totuma", se sa¬brá si está "después de dos o tres hervores". Se baja del fogón y se dejará enfriar durante toda la noche. En las primeras horas de la mañana o en la madrugada se lavará con "dos o tres aguas", para que el maíz largue "los malos olores", y se procederá a la molienda "en piedra" o en la "máquina.

En la molienda del maíz se "quiebra" y se "tequena". Ya "tequenado" se le agrea el agua de sal, se revuelve la masa para que no quede "desabrida" y se hacen las "pelotas" de masa. Previamente se habrá encendido el fogón, se "habrá puesto el aripo y el arrimador".

Es de advenir que para "tender arepas", la leña debe ser "seca", para que "arda" y "de buenas brasas", "que no tenga olor". De preferencia se usa la "leña de can-dil", de "guacatare" o de "güichere".

Cuando el aripo está bien caliente se "tienden", es decir, la masa ya moldeada por las manos de la arepera. Cuando ya sobre el aripo la arepa tome cierta consistencia, se pasa al "arrimador", donde se colocan en forma vertical "para que se cocinen las orillas". Con ciertos golpes o leves toques, la arepera sabrá cuando las arepas están "cocidas". Las raspará con un pedazo de vidrio, "taziplato" o con un cuchillo para quitarle las partes quemadas o "ahumadas" y luego las irá colocando en las "totumas", "bandejas" o "maras" y se cubrirán con paños especiales para tales fines para que se conserven por horas calientes y suaves.

Las arepas tienen una terminología especial por su forma, estado de cocción, grosor, tamaño... Cuando no está bien cocida se dice que quedó "zocata". Las arepas grandes y gruesas se llaman "tumbagobierno", y las pequeñas y delgadas que se usan para el desayuno, se llaman "telas". A los niños se les tiende un "bollo", de forma redonda u ovalada, a los cuales se les introduce una "varilla de hoja de coco" para su sostén.

Según la técnica empleada para su confección, las arepas pueden ser: "piladas", "tibias" y "raspadas". Las primeras, cuando el maíz se pila previamente. Las segundas, cuando el maíz se cocina con la concha, es decir, sin ser pilado. "Las Ras- padas", el maíz no se pila, pero al calentarlo o sancocharlo se le agrega cal o ceniza.

Las arepas son vendidas por muchachos o mujeres viejas, quienes entonan el clásico pregón de:

¡Arepa *pilá* y caliente, para las viejas que no tienen diente!

Las arepas se vendían a "cuartillo", o a "medio". Las "telas", a "centavo" o a "cuartillo"

Gozan de gran fama en la Isla las arepas de Tacarigua y Los Robles.

CANTOS DE PILON
(Recogidos en varios lugares de Margarita)

Anda vele, y no le vayas
para irnos |untos los dos
que si acaso no volvieres:
adiós, corazón, adiós...

Hasta el río nos fuimos juntos
comunicando los dos
Dónde se irán los lamentos
cuando yo te diga adiós.

Ya me duele la cabeza
de tanto darle al pilón,
para engordar un cochino
y comprarme un camisón.

Dale duro al pilón
que se acabe de romper
que en el monte hay mucho palo
y se puede componer

Oye, nunca te enamores
de hombre chiquito y sin barba.
Yo me enamoré de uno y
me ha pesado en el alma.

Dale duro al pilón
que se acabe de romper.
Mi marido es carpintero
y lo sabe componer

Tanta sal en la salina
tanto maíz en Porlamar.
Tanta muchacha bonita
en el puerto de Pampatar.

Por la calle "Luis Ortega",
ya no se puede pasar;
porque hay una navajita
que corta sin amolar

Se va la "Luisa María".
se fue la "Prosperidad".
Hoy se va la "Carmen Luisa" y
ayer la "Felicidad"

Yo no quiero hombre casado
porque huele a matadura.
Yo quiero mi solterito
que sabe a piña madura.

Allá va la cara'e Diablo,
la corazón de demonio,
que tiene la lengua negra

de levantar testimonio.

La sortija que me diste
en el manantial lavando,
se la llevó la corriente
mira donde va nadando.

En la puerta de mi casa
yo voy a cavar un pozo,
para que resbale y caiga
todo hombre alabancioso.

De que me vale quererte
y por tí desesperarme.
Si tu no piensas amarme
¡qué desgraciada es mi suene!

Ya *pilé* todo el maíz
que mamá mandó a *pilá*.
Pilé yo, *piló* María
y también *piló* Pilar.

El amor del forastero
es como espina de tuna,
que "*jinca*" y queda doliendo
sin esperanza ninguna.

El amor que puse en ti
tan puro y tan verdadero,
si lo hubiera puesto en Dios
me hubiera ganado el cielo.

Ya se fue la "Ana Josefa"
de su puerto con esmero.
Las niñas de La Caranta,
lloran por su marinero.

En la puerta de mi casa
tengo un palo *colorao*,
donde pongo mi sombrero
cuando estoy *enamorao*

Alegre que va la viuda
con luto de su marido.
Lleva una carta en el seno
que le mandó su querido.

Las muchachitas de ahora
no saben *lavá* un ropón,
pero si saben decir
mira donde va mi amor.

Buena tu abuela y tu *mae*,
maluca como tu tía.

Tú tienes que ser maluca
si eres de la misma cría.

En el patio de mi casa
tengo una mata de taparo.
Nunca será muy dichosa
la que se case con Guaro.

No me revires los ojos,
no me los revires ¡no!,
que yo no tengo la culpa
si tu novio te dejó.

Las muchachitas de ahora,
no saben darle al pilón,
pero saben coger cartas
para su condenación.

A *pilá*, María, a *pilá*
tu mamá te va a *pegá*.
No sabes ni *tendé* una arepa,
y ya estás *enamorá*.

En el patio de mi casa
tengo una mata de ají,
desgraciada la mujer
que se enamore de Luis.

Quien la mira y quien la ve
tan boba para moler,
y entre soltero y casado
ella no sabe escoger.

Memorias te mandó Carmen
y la comadre Teresa,
que quien no lleva la carga,
no sabe lo que pesa.

Coplas de Pilón. Fuentes. En Conejeros: Argimiro Mundaraín.- En Porlamar: Adela Suárez.- En Pampatar: Carmen M. Rosa.- En los Robles: Carmencita Suárez

El Velorio De La Cruz

LOS VELORIOS DE CRUZ

Desde Mayo hasta Diciembre se celebran en Margarita Velorios de Cruz.

Algunos se hacen por "promesas". Una persona gravemente enferma ofrece a la "Santa Cruz", hacer un velorio si recupera la salud; y otros por "devoción", es decir, que alguna familia de alguna localidad ha realizado siempre el homenaje al "Divino Madero", y tiene que cumplirlo todos los años.

En los caseríos o vecindarios donde no hay iglesia ni capillas, hay en la entrada o en sitio elevado una cruz que se venera y respeta como su "Santo Patrono". Así tenemos: la "Cruz del Nazareno", en Los Cerritos (Caserío Ruíz); la "Cruz de Genovés"; La "Cruz del Pastel", la "Cruz de la Misión"; y otras que ostentan nombres curiosos o extraños, como la "Cruz de la Vencedora", en el Barrio de la Caranta de Pampatar; "la "Cruz de los Marinos", en el Poblado.

Cuando el velorio es de la comunidad o pueblo, se recoge dinero entre los vecinos y en los pueblos cercanos para afrontar los gastos que dicha festividad ocasiona.

Se nombran comisiones que van de casa en casa pidiendo la limosna para dicho velorio. Los comisionados, casi siempre mujeres jóvenes y agraciadas, llevan una lista de contribuyentes y del aporte que hicieron en dinero o en objetos.

Antes, además de dinero en efectivo, se podía contribuir con aceite de coco para el "alumbrado de la cruz", café, botellas de aguardiente, cintas y flores de papel para el "adorno del altar", de algún "paño tejido" para la "mesa de la cruz".

Ahora se hacen tarjetas para la "participación de los velorios", y se designan "padrinos", quienes deben cooperar económicamente para los gastos de la celebración. Estos gastos son: pago a los músicos, cantadores y el sacerdote, si se realiza el rosario.

Antiguamente la participación se hacía mediante una décima que el encargado del velorio enviaba a cada vecino. De esas participaciones copiamos a continuación la referente a un velorio celebrado en honor del Santo Cristo Negro en la población de La Fuente, organizado por don Andrés García en 1880:

"Debes tu frente adornar,

que quede lo más lucido,

con palma y flores tejido

que dé ambiente al despertar.

También debes colocar,

al detonar el cañón,

un tricolor pabellón

que ondule lo más sereno

en nombre del Cristo Negro

que es digno de admiración."

Dos o tres días antes del velorio se le coloca a la Cruz un velo o paño blanco, y se le alumbra. Así se advertirá a los caminantes y viajeros de la celebración, para que depositen dinero o "dejen" su limosna. Así mismo se enarbolará en el sagrado sitio de la Cruz, una bandera blanca o azul anunciadora de la festividad.

Cercano al día del velorio se construirá la enramada o rancho, adyacente Cruz, donde e ubicarán músicos y "cantores" después de finalizado el rezo o rosario.

La enramada y sitios cercanos se adornarán con flores naturales o de papel, con bambalinas, ramos y palmas.

En horas de la tarde se celebraban las carreras de coronas o cintas y otros juegos populares: carreras de sacos, palos ensebados, huevos en cucharillas, etc.

A las siete u ocho de la noche empezaba el rezo o rosario, presidido por una señora de la familia que "tenía la devoción" o por alguna señora de la localidad que supiese "el rosario y los divinos misterios de la Cruz o de la pasión y muerte de nuestro Señor Jesucristo". Concluido el rezo pasaban a ocupar sus puestos los músicos: bandola o bandolín, guitarra y cuatro. Luego se empezaba a formar la "rola" de los cantadores. De la calidad de éstos depende el éxito del velorio. Por eso los organizadores del velorio invitaban a los mejores galeronistas de la localidad o de otros lugares de Oriente.

Iniciado el canto, cada cantor debe primeramente saludar a la Cruz y luego "presentarse a la concurrencia". Esta premiará con aplausos las mejores "improvisaciones" o las décimas mejor logradas.

>"Salúdote, árbol bendito
>colocado en este Altar.
>En ti se vio derramar
>la sangre de Jesucristo."

Este será el pié de la glosa, que desarrollará el cantor en cuatro oportunidades para su salutación a la Cruz.

Luego vendrá la "presentación", para que el público sepa quiénes fueron los que intervinieron en el torneo y juzguen su aporte:

"Mi propio nombre es Narciso,
Villalba es mi apellido.
A donde quiera que he ido
a cantar pido permiso.
Primero porque es preciso
con mucha veneración
saludar con atención
los de adentro y los de fuera.
Así pues, de esta manera
doy principio a una "lección".

Luego continuaran sus cantos por trovos, lecciones y argumentos por diferentes temas: Gramática Castellana, Historia de Venezuela, Historia Sagrada, Geografía de Venezuela y Universal. Novelas o dramas. Cuentos de Las Mil y Una Noche. Relatos de algún acontecimiento local.

De media noche al día, comenzará el contrapunteo. Aquí será la prueba del verdadero improvisador, del que conoce a fondo la espinela, la rima y el sentido expresivo de la décima. El ritmo y la idea. Se comprobará también el "aguante" de los músicos. Porque de aquí en adelante no habrá receso y el canto puede durar hasta que el sol esté alto en el próximo día. Quién tendrá la mejor voz y la mejor garganta, que no necesite esperma ni goma rubia. La frase de latiguillo para molestar al contrario al final de cada décima:

"Me dirás de Gibraltar
a qué nación pertenece.
No vayas a coger tres meses
para poder contestar.
Si no sabes redactar

me causará admiración;

por la calle anda el ron-ron

de que tú eres poeta.

Cántame bien por la letra:

POETA DE CARGAZÓN"

Respuesta:

"Te diré que Gibraltar

pertenece a la Bretaña;

al Oeste de la España

es que queda Portugal.

Cuando yo entro a cantar

soy "pachaco" y botalón.

Todos los poetas son

rendidos a mi poesía.

Si pierdes la simetría

BUSCA TU CUEVA RATÓN"

Al terminar cada décima o cuarteta de "picón", los concurrentes aplauden y alientan a los cantadores, y estos tratarán de "lucirse lo mejore puedan".

Hay muchos cantadores que no participan con el canto dé "picón", porque no "les agrada", o porque este trae siempre enemistades, y se limitan a cantar sus "lecciones", argumentos o "trovos", o el tema de su preferencia: Historia, Gramática o historias como "Genoveva de Bravante", "Los Doce Pares de Francia, "El Conde de Montecristo".

Muchos "cantos de picón" son comentados por meses y años, por la demostración de ingenio o talento de los "cantadores" y conforman el anecdotario de los velorios de cruz.

Un "cantador" que ensalzaba la buena costumbre de madrugar, aseguraba:

"... quien temprano se levanta

goza de buena *salú*

adora a su buen *Jesú*

y su dinero adelanta".

Y, sin dejarlo concluir, otro le replicó:

"Quien temprano se levanta

pierde de dormir un sueño.

No gana ningún empeño

y cualquier visión lo espanta".

Y de un cierto sujeto no conocido en la región, que llegó y se introdujo en la "rola" de cantadores. El tipo, un poco subido de color y vestido con un saco de casimir negro, saludó y cantó con buena voz, pero su saludo fue contestado con esta hilarante copla de uno de los más veteranos:

"Cómo sería que llegó

un zamuro a Los Testigos.

¿Sería por rumbo perdido

o el viento que lo llevó?"

Y el del "aprendiz de cantador" que saludó a la Cruz de esta manera:

"De blanco y negro se viste

aquel que nació en Belén.

Blanco se pone el sartén

con la rueda del carite."

Recibió esta respuesta:

"Aquí nos llegó un cochero*...

¡Qué culito, mano Goyo!'

*"Cochero": Nativo de la isla de Coche.

Y de otro tipo bastante raro y de físico poco agradable, que con sus cantos desafiaba a los mejores "cantadores" a medirse con él y tuvo que ausentarse cuando alguien le preguntó:

"Amigo, de dónde es usted,

dispénseme la imprudencia;

si es usted de la Palencia,

esquimal o japonés.

Yo para mí calculé que era de China,

pero su tipo declina

esquimal de la Himalaya;

por el pelo es raza brava

de las Islas Filipinas."

Aplaudida y comentada por muchos años, la copla con que el famoso Felipe Pérez Castillo zahirió al no menos célebre Alejo Albornoz en un duro contrapunteo:

"Alejo, si tú te alejas

mejor es que te retires.

bien sabes que en baile 'e tigre

burro no saca pareja."

En un velorio de "La Cruz de la Misión", un cantador de nombre Críspulo deleitaba al público con hermosa composición sobre el origen del mundo y explicaba en décimas "muy buenas", el pecado de Adán, y al llegar a la parte "cuando el primer hombre comió la fruta prohibida", fue interrumpido por esta cuarteta del ciego Lista:

"Respóndame amigo, Críspulo,

una pregunta sencilla.

Cuando Adán comió la fruta

qué hizo con la semilla."

Con las primeras horas de la mañana concluyen, generalmente, los velorios, pero los cantos pueden prolongarse en algunas oportunidades hasta medio día

Después puede haber "parrandas" con cantos de polos, gaitas, malagueñas, puntos y terminar como toda parranda con el peculiar sancocho de gallina o de chivo.

Los cantadores son catalogados por su buena voz, por sus "improvisaciones", por su "buena memoria".

.Entre los más afamados se mencionan al ciego Listas, Don Wenceslao Hernández, Julia Guevara, José Gómez, Alejo Albornoz, Felipe Pérez Castillo, Narciso Villalba y Gregorio Totesaut, Luis Beltrán García, Angel Velázquez, Rosendo Romero, Juan Cancio Rodríguez, Leandro López, Sinencio Malaver, aqueines se les recuerda con admiración, cariño y respeto, que no necesitaron agregarse apodos como luchadores o boxeadores para darse a conocer o para sustentar la fama que lograron en buena lid frente al "lábaro sagrado" en velorios de " devoción" o de "promesas".

(El presente trabajo fue realizado por información dada al autor por los señores Narciso Villalba, de más de 80 años, en su casa de habitación en Pampatar, en los años de 1973 y 1974. Y por Ramón Martínez, nativo de Los Robles, obrero del aeropuerto de Porlamar.)

VELORIOS DE CRUZ DE RENOMBRE

- ❖ El del Barrio "El Copey", en La Asunción.
- ❖ El del Barrio "El Mamey", en La Asunción.
- ❖ El del "Cristo Negro", en la Fuente, Paraguachí.
- ❖ El del Caserío "El Cardón", Paraguachí.
- ❖ El de la "Cruz del Nazareno", en el Caserío Los Cerritos, del Distrito Maneiro.
- ❖ El de "San Antonio de Padua", en Agua Vaca, Caserío Guerra, jurisdicción del Distrito Maneiro.
- ❖ El Velorio de la devoción de Martina Mata, en Pampatar.
- ❖ El Velorio de la devoción del Cojo García, Pampatar.
- ❖ El Velorio de la devoción de Froilana Ramos, Pampatar.
- ❖ El Velorio de la "Cruz de la Vencedora", Barrio La Caranta, Pampatar.
- ❖ El Velorio de "La Ermita", en Los Robles.
- ❖ El de la "Cruz de Genovés", Porlamar.
- ❖ El de "La Cruz de La Marina", El Poblado, Porlamar.
- ❖ El de "La Cruz de la Misión", Porlamar
- ❖ El de "La Cruz del Porvenir", El Salado, Paraguachí.
- ❖ El de "La Cruz del Pastel", Porlamar.

CANTORES DE VELORIOS

- ❖ Sebastián Velázquez.
- ❖ Julián Guevara.

- ❖ Alejo Albornoz.
- ❖ Narciso Villalba.
- ❖ Gregorio Totesaut.
- ❖ Leandro Espinoza.
- ❖ Juan Lista (el Ciego Lista).
- ❖ José Gómez.
- ❖ Wenceslao Hernández,
- ❖ Luis Beltrán García.
- ❖ Juan Cancio Rodríguez.
- ❖ José Ramón Villarroel.

DECIMISTAS

- ❖ Gregorio Quijada.
- ❖ Romualdo Velázquez.
- ❖ Aureliano Quijada.
- ❖ Ezequiel Bauza.
- ❖ Teodoro Villarroel.
- ❖ Carlos Verde.
- ❖ Pbro. Manuel Cayetano Narváez.
- ❖ Gregorio Gómez Rojas.
- ❖ Balbino Brito.
- ❖ Rosendo Romero,
- ❖ Julián Guevara.
- ❖ Aniceto García.
- ❖ Br. Rafael Figueroa González
- ❖ Juan Cancio Rodríguez.

MÚSICOS

Como acompañantes de los cantores de los velorios de cruz se recuerdan:

Vicente Totesaut, el ciego, tocaba con maestría la bandola y fue por muchos años, tanto en la Isla como en los pueblos de la Costa Oriental, "el bandolista" oficial de estas celebraciones.

Enseñó el arte a su hijo Saro Carrillo, cuya bandola, que él bautizó como *Emelina*, se hizo famosa hasta en los lejanos pueblos de Guayana.

Cosme Villarroel, también diestro en la bandola.

En el bandolín: Julián Guevara y Cecilio Lunar.

En el cuatro: Fruto Maneiro.

Cantos Y Cantadores

CUANDO EN LA ISLA SE CANTABA *ALAO* (*)

El hombre entonces se dedicaba a la tierra, fuese verano o tiempo de virazones. Desmonte, entierro de semillas, cuido de la vaca o de las cabras. Limpieza de acequias, reparación de empalizadas, quema de rastrojos, arreglo de potrillos.

En el conuco, en la vivienda, a cualquier hora del día o de la noche, estaba pendiente del rumor de la mar.

El mar predecía las estaciones, la abundancia o escasez de las cosechas. Eran reglas transmitidas a través de los siglos, sólidas en la fe, en la esperanza, predicciones infalibles en la hermandad de los elementos: tierra, viento, mar, luna, nubes.

Si Truena El Tirano, Buen Verano: Las garúas y las siembras de maíz y frijoles para recogerlos por fanegas y llenar trojes antes de los días pascuales. Generoso rendimiento de la tierra que se medía por almudes, por fanegadas, por tiras.

Si Truena Moreno, Invierno Bueno: Días de lluvias largas. Reventón de verdores por cerros, por caminos. Agua asegurada en los pozos para largos estíos. Nacían por su cuenta las patillas y los melones y los tomates vagabundos. Maíz para cachapas y atoles. Frijoles para reemplazar la escasez de pescado en la Cuaresma. Después andaban regando sus fragancias y dulzores los mangos, los nísperos, los dátiles.

Si Truena Guacuco, Verano Maluco: Sol reverberante. Pozos atesorando limos. Polvos de las salinas y los caminos, realengos por pueblos y caseríos, inundando viviendas, vistiendo de gris empalizadas y yacales. Sequía. Éxodo.

Si Truena La Ballena, La Troja Llena: Vida y verdor de maizales. Desgrane de mazorcas. Coplas y velorios en pago de promesas. Abono a deudas añosas. Pago de terrazgos.

Entonces, por cerros y vertientes, la larga cadena de la hermandad. Por la Sierra y Guatamare. Por Conejeros y Paraguarime. Por el Piache..., el canto y el coro:

"El *mai* tierno y el frijol

Alaó... Alaó...

Sin miedo a lluvia y a sol

 Alaó... Alaó...

Yo tengo una virgen buena

Alaó... Alaó...

que la cosecha me dio

Alaó... Alaó...

El vocerío como una serpiente daba vueltas entre la maleza. Por las empalizadas. En las pendientes se echaban a rodar los sacos de mazorcas, los racimos, las auyamas, las yucas, los chacos.

Luego era el repicar de campanas. Los cohetes, los gritos de alegría. A los pies del trono dejaban los campesinos los terrazgos a la dueña y señora de lal esperanza, protectora de vidas y labrantíos.

(Noviembre de 1976)

(*) *Alaó* debe ser corrupción de "Alalá", canto popular del norte de España.

ARGUMENTO

(Fragmento)

-1-

La batalla decisiva
de brillo y gloria esplendente,
fue el sello de Matasiete
con la paz y con la oliva.
Para que el poeta escriba
estos puntos sustanciales,
los nuestros tan desiguales:
trescientos baten tres mil
teniendo más que añadir
La Esparta y sus inmortales

-2-

Tres mil infantes que cuenta
fuera de sus escuadrones,
la España con sus legiones,
una escuadra que se enfrenta,
la pobre isla se encuentra
bloqueada por sus males,
varios puertos y lugares
Constanza y Manzanillo:
y cargan contra Morillo:
La Esparta y sus inmortales

-3-

Gómez fue una entidad

y entre laureles y palmas

fue comandante de armas

de la invicta Cumaná.

Su valor, su lealtad

acumula sus caudales

fue un perínclito guerrero,

lo carga imperecedero

La Esparta y sus inmortales

- 4-

Gómez en Nueva Granada

su espada candente brilla

y con el Héroe de Montilla

y su hidalgura inmaculada.

Cada paso le indicaba

aquellos rumbos triviales

que en la patria y sus umbrales

se verá como una sombra

y fulguraba en Colombia

La Esparta y sus inmortales.

-5-

En la América del Sur

Arismendi con empeño

fue el bravo margariteño

que se levó al regio tul.

Fue modelo en la curul
y con leyes especiales
escarmentó centenares
de españoles y canarios,
pues lo creía necesario
La Esparta y sus inmortales.

CORRÍO DEL BEBEDOR

Al tiempo que yo bebía
para mí un galón no era nada;
pues si una pipa encontraba,
por Dios que me la escurría.

llegué a una pulpería,
mandé a echar un "*champurriao*",
de ron fuerte con ginebra
revuelto en anisado.

De allí salí "*entrepelao*"
y llegué a una bodeguita,
donde vendía una viejita
y "*chispa'e*" ron no le dejé.

No tenía uñas en los pies
de tanto "*trompezonazos*";
la gente no me hacía caso
por andar siempre embriagado.

Una vecina de enfrente
me llamó y me dio un consejo.
Yo este vicio no lo dejo
mientras exista el mundo.

Me llaman el vagabundo
y todos me quieren mal.
Luego que no puedo entrar
en ninguna concurrencia.

Una joven con paciencia
me aconsejó en su casa.
Esta es una desgracia.
Yo le dije sí es verdad,
por ti no beberé más
y olvidaré la botella.
Y la estaré contemplando
hasta casarme con ella.

Informó: Narciso Villalba. Pampatar, Febrero 1967

CUARTETAS SUELTAS

- 1 -

"Ahora fue que me llegaron
todas las armas completas,
el cuchillo, la navaja,
la lanza y la bayoneta."

- 2 -

"Ña Pánfila está en la cama
tres damas la están "dorando"
al son de las castañuelas
las tripas le están sonando."

-3-

"No te des, cuidado, Julián,
que tu barco está seguro.
Ña Juana Agustín Sarabia
fue a caballo y vino en burro"

-4 -

"A qué santo llamaremos
que nos sirva de padrino,
llamaremos a San Elías
que es un santo peregrino."

-5-

"Cuando yo muera,
quién me llorará,
si será la Olaya
Cabeza *pelá*."

-6-

"Cuando Martín se murió,

le cortaron la cabeza
y para mayor desgracia
no pasaron por la iglesia"

-7-

"Dijo el sabio Salomón
con su música, cantando,
cuando *m'ijo* quiere cuero,
él mismo lo anda buscando."

-8-

"San Juan y la Magdalena,
fueron a cortar bejucos.
San Juan dejó los calzones
y la santa los guayucos."

-9-

"Que a según la Magdalena,
dicen que murió de un susto.
Embuste, de un cipotazo
que le dio Santo Tiburcio."

-10-

"Qué hago yo solo en el campo
qué hago yo en el campo solo.
Yo no enamoro ni canto,
yo ni canto ni enamoro."

-11 -

"Entre El Guamache y El Amparo
y el pueblo de Güinima,
están haciendo una capilla
y un cementerio sagrado."

-12 -

"De la Punta El Cardón,

hasta la mata de taparo,

lo que se oye cantar

son las gaitas 'e Tomas Ramos"

-13-

"¿De dónde vienes Guaraguao

con tu culo tan *cagao*?

Yo vengo de Bocachica,

Punta Arena y Macanao."

-14-

"Qué hago con estarte viendo

y tú con estarme mirando

ni se logran tus intentos

ni yo lo que estoy deseando."

-15-

"En el río del Jordán

como bien claro se vio

que a Cristo lo bautizó

nuestro precursor San Juan."

-16-

"Magdalena era excelente

y su pelo extraordinario.

Seis pesos gastaba diario

en perfumes solamente."

Recogidas en Los Robles por el poeta Régulo Guerra Salcedo, en el mes de Febrero de 1969.

LETRAS PARA CANTOS DE FULÍAS

José lleno de contento
a su esposa le decía,
a dónde tiendo María
a secar estos pañales.
  Tiéndelos en los rosales,
donde yo flores cogía.

Tú fuiste la que dijiste
de la boca a la nariz
que olvidarías padre y madre
y a tus hermanos por mí.

Una canción de amor llena
que del corazón salía.
Juan Heloe le cantó un día
a María la Magdalena:
"Subí por una escalera
hasta el pié de una ventana,
y con mi lira ganaba
darle un beso a Magdalena."
Anda y dile a ese señor
que se haga al lado de ti,
que yo primero que él fui,
y se me dio poca pena:
como era mía era ajena,
otro subió y yo caí.

LECCIÓN

(Fragmento)

- 1 -

MI propio nombre es Narciso
Villalba es mi apellido
a donde quiera que he ido
a cantar pido permiso;
primero porque es preciso
con mucha veneración
saludar con atención
los de adentro y los de afuera
así pues, de esta manera
doy principio a una lección.

- 2 -

Doy principio a una lección
de mi misma propiedad,
que en días por casualidad
compuse en mi distracción.
Es propicia la ocasión
en que vengo a complacer,
a cumplir con un deber
de amistad puedo decir,
en fin, pues voy a seguir,
no con idea de ofender.

-3-

No con idea de ofender

a ninguno en poesía,

es cosa que todavía

no he hecho ni quiero hacer.

Aspiro así merecer

el cariño de la gente,

y tener expresamente

amistad con todo el mundo;

en canto no soy profundo,

 pero sí soy obediente.

-4-

Pero sí soy obediente

no es alteración de boca;

quien por las buenas me toca

me encuentra correctamente.

Yo no soy inteligente

pero me gusta cantar.

Se me puede perdonar

si cometo algún error

porque para ser cantor

se necesita estudiar.

-5-

Se necesita estudiar

algo sobre cada arte,

de modo que en cualquier parte

se sepa desempeñar;

y si le han de preguntar

encuentre qué responder,

pero que pueda saber

el pobre que no ha leído;

está de por sí perdido

el que no sabe leer.

- 6 -

El que no sabe leer

y le gusta discutir

cómo puede conseguir

consideración doquier;

debemos, pues comprender

que al sabio se le respeta;

esta regla está sujeta

a suma moralidad.

Dios dio la facilidad

para el hombre ser poeta.

PIES PARA TROVOS

- 1 -

El hombre que no da nada
no puede reclamar celo.
Mucho hace la mujer,
con quererlo pelo a pelo.

- 2 -

Como podrá un policía,
mantener hijo y mujer,
y pagar un alquiler
con cinco reales por día.

- 3 -

Qué hace el sabio con saber
y el rico con tener plata,
viene la muerte y lo mata
sin poderse defender.

- 4 -

El hombre es como el cohete
que remonta a la .altura;
allá brilla, allá figura;
después cae como un zoquete.

PEDIMENTO A LA VIRGEN DEL VALLE

"A Nuestra Señora del Valle,
le debemos de pedir:
Todas las frutas del año:
maco, pachaco y paují"

Racu cura racu cura cú
Racu curraco racu curracu.

Según información del señor Rufino González, nativo de Los Robles, pero con muchos artos de residencia en El Poblado (Caserío Fajardo, antigua Comunidad Indígena), este canto lo entonaban las indígenas de El Poblado cuando iban al barrero, a extraer el material para hacer las cazuelas, aripos, platos, etc.

El Sr. González nos dio esta información en el aeropuerto de Porlamar donde trabajaba como obrero de una línea aérea, el 16 de julio de 1969.

TROVO

Cómo te vas y me dejas,
no lo hiciera yo contigo,
sabiendo que ya no tengo,
después de Dios, otro abrigo.

- 1 -

Cuando el alba desataba
los cortinajes de Oriente;
aún la canción doliente
en el castillo vibraba.
Aves que el azar erraban
entre románticas quejas:
canción de amor que en las rejas
presintiendo la partida,
decía la rubia elegida:
CÓMO TE VAS Y ME DEJAS.

-2 -

Solo en la nocturna hora,
bajo compasiva estrella,
brindábale sus querellas
a la linda soñadora,
la canción la pecadora,
vibró ansiosa en el postigo;
pero su anhelo de amigo
interrogó con empeño
¿no abandonas por mí el sueño?
NO LO HICIERA YO CONTIGO

- 3 -

Cada trova era un gemido

cada ritmo un pensamiento,

remedo de aquel lamento

de su corazón herido;

decía el ruiseñor sentido

en pos de tu beso vengo,

pobre trovador, no obtengo

Magdalena, tu favor.

Cómo me niegas amor

SABIENDO QUE NO TENGO.

- 4-

Envuélveme en el cendal

de oro de tu cabellera.

Dame a besar hechicera

tu boca primaveral.

Yo de un príncipe real

llevo la sangre conmigo,

pero, tu amor mendigo,

me he vuelto vago, errabundo,

sin tener en este mundo,

DESPUÉS DE DIOS, OTRO ABRIGO

ENTRE CANTADORES

TOMÁS VÁSQUEZ aprendió desde niño el arte de la navegación costanera. En alta mar sabía guiarse por las estrellas o por la brújula. Predecía las bonanzas y las tormentas por el olor del viento, por el "*ruceo*" de las marejadas, por las figuras de las nubes.

Desde muchacho aprendió también a componer coplas y décimas, a ensartarle versos a la memoria y a ponerle pecho y garganta para tributarlos a la Cruz en los velorios de Mayo; al Nacimiento, en tiempos pascuales; y en las ventanas para encender el amor.

De buen capitán y de mejor cantador era la fama de TOMÁS VÁSQUEZ.

Así como enfrentaba a los chubascos desafiaba también a los más avezados galeronistas. En Margarita se le conocía en todos los pueblos. Por las Costas de Sucre rivalizó con los mejores juglares de Manicuare y Cariaco, de Punta Araya y Saucedo. Por los caños del Delta era sólido su prestigio.

Un día atracó por Las Galdonas con cargamento de tejas y pescado. Allí se enteró de la fama de un gran compositor de quintillas y de argumentos. Y quiso comprobar el talento de ese aeda tan popular, y de inmediato le envió el siguiente mensaje:

> "Aunque no tengo el honor
> de conocer su persona,
> yo quiero, Señor Galdonas,
> me envíe con el portador,
> como gran compositor,

Tomás Vásquez de Ud. espera

que por el pie que Ud. quiera

de su agudo entendimiento

me regale el argumento

para cantarlo en mi tierra".

En cuestión de segundos, el mismo portador trajo la respuesta:

Hombre, mi amigo Tomás,

metido en tan gran error,

me llamas compositor

cuando aún no sé ni hablar;

pues no me atrevo a sacar

el más mínimo argumento,

porque me falta el talento

para cumplir tu deseo.

Si algún día yo te veo,

yo te daré un cumplimiento.

El caserío se iluminó esa noche de coplas y alegrías, festejando la amistad entre Tomás Vásquez y Juan Galdonas, dos poetas nacidos en las entrañas del pueblo.

Septiembre de 1976. Informador: Don Narciso Villalba.

DÉCIMAS Y DECIMISTAS

En Margarita nació y se desarrolló la poesía venezolana. Afirma el Dr. Luis Beltrán Guerrero, que en Valle de San Juan surgieron los primeros poetas, que bajo la sombra de copudos árboles y con el fondo musical del río, declamaban sus ver-sos en loas a la belleza del paisaje, a la hermosura y virtudes de las mujeres y al arrojo y valentía de los conquistadores.

Efraín Subero, en su Antología de la Poesía Margariteña, reafirma esta verdad histórica y recoge odas a los primeros cantores insulares: Juan de Castellanos, Jorge de Herrera, Gonzalo de Zúñiga, Pedro de la Cadena.

Efraín, investigador y estudioso de nuestra literatura, ha escrito una obra primordial: "LA DECIMA POPULAR EN VENEZUELA", la cual fue su tesis de grado para el doctorado en letras.

Margarita ha sido tierra fecunda para el cultivo de esta combinación estrófica. En todos los pueblos hay muchos tocados por este don de componer décimas, que para el canto es la gaita, el trovo, el galerón.

La décima suelta o "quintilla" para comentar o plasmar el suceso importante en la vida local o familiar; la pasquinera o anónima, para denunciar atropellos o abusos de autoridad o atentados contra la moral o la tradición.

La décima epistolar, ya casi en desuso, mantenía la amistad entre cantadores y compositores de lejanas comunidades.

La glosada de las grandes obras de la literatura universal: La Vida del Quijote, La Pasión y Muerte de Cristo, El Descubrimiento de América, La independencia Venezolana; didáctica, lección viva del cantor del pueblo para su pueblo

La protestataria, la rebelde, la que quema y remarca, la que es índice de terrible acusación:

"Dime que hijo sería
que a su madre le negó,
un cüinche que le pidió,
teniendo una pulpería.
Le dijo que no tenía
cüinche para regalar;
que él compraba en Porlamar
con su dinero en la mano.
Así dijo este tirano.
Dios lo habrá de castigar".

Y la que acusó al funcionario de despreocupación e ineptitud, firmada por la Voz del Pueblo y escrita con grandes y gruesas letras, con pintura roja, sobre la pared de la casa N° 10 de la calle principal de Altagracia:

"Un pueblo necesitado
de agua, luz y carretera.
Mauricio, tú ni siquiera
por eso te has preocupado.
Ganas tus reales echado
de una manera tan vil.
Tú sí que sabes vivir
descansando con holgura

más sabe un burro de Cura
que tú de jefe Civil"

Décima margariteña, señera y jubilosa por todos los caminos de la Patria, ahora con todo su mágico esplendor a la Universidad y a la Academia, guiada por el amor que Efraín Subero siente y profesa por su pueblo.

DECIMISTAS

Cultor del galerón y decimista de fértil inspiración y fácil rima, fue don Rosendo Romero, que en la histórica y apacible "Vecindad de Los Martínez" tenía hogar y querencia.

Sus trovos, argumentos y lecciones recorrieron caminos e ilustraron auditorios en torneos de cantadores al pie de la Cruz de Mayo o en el duro faenar de rancherías.

Los temas de la sed, o del éxodo, la epopeya insular, las leyes que rigen el mundo sideral, la descripción de lejanos países, la vida y obra de los forjadores del mundo, formaron su repertorio.

En espinelas sus cartas para llevar a sus amigos de otras latitudes los acontecimientos cotidianos de su aldea o de su ínsula.

En Pampatar mantuvo por muchos años correspondencia rimada con su buen amigo don Narciso Villalba, pescador y marinero, y quien conocía también, como los rumbos y los cardúmenes, el arte de componer y de cantar, en aquellos famosos velorios que reunían a las mejores voces y a los más diestros en la improvisación y el contrapunteo.

En cierta oportunidad Narciso comunicaba a su amigo Rosendo, que pronto tendrá el gusto de saludarlo personalmente, pues iría a Guayacán y otras playas de la Banda del Norte en campaña de pesquería.

Don Rosendo se alegra con la feliz nueva, pero conocedor de aquellos parajes, cree su deber alertar al amigo de los peligros que puedan acecharle. Su carta termina con la siguiente décima:

"Cuando estés en Guayacán
tirando por los calones,

ojo, a los tantos pegones

que allí con sus uñas van.

Tire de punta y de plan

como del caso es preciso.

Ya sabe, amigo Narciso,

pues advirtiéndole así,

¡mire, que el guaiquerí,

contagia con el hechizo!"

(Pampatar, Oct. 1984: Información del Sr. Narciso Villalba en 1969)

UNA DÉCIMA PARA DONATO VILLALBA

El General DONATO VILLALBA fue un destacado militar y político margariteño. Dotado de talento, valor, altas prendas morales y cierta preparación cultural. Escaló posiciones administrativas y castrenses.

Nació en Pampatar en 1824. Era nieto y bisnieto, respectivamente, de los próceres de la Independencia comandante Felipe Villalba y Manuel Plácido Maneiro.

Participó activamente en sucesos políticos y revolucionarios, siendo uno de los más sobresalientes Jefes de la Guerra Federal en Margarita.

Fue Comandante Militar en la Isla, Jefe de Apostadero Naval, Representante al Congreso y Gobernador del Estado Nueva Esparta.

Como gobernador sustentó principios democráticos y pulcras normas administrativas. Por ello se granjeó el aprecio popular. Fue enemigo de vicios, abusos de poder, de torcidas interpretaciones legales. Luchó por la justicia. Denunció atropellos. Señaló perversos. Sus rivales lo motejaron de: "Impertinente".

Por sus ideas, fue vilmente asesinado en las playas de Chacopata, el 11 de marzo de 1870.

Su muerte produjo numerosas manifestaciones de repudio de toda la colectividad venezolana. Poetas y escritores cantaron y loaron sus virtudes, y el pueblo plasmó, en coplas y décimas, el respeto y el cariño que sentía por tan distinguido ciudadano:

"Ya vivirán descansados
todos los godos de Oriente,

135

pues murió el "Impertinente"

de Margarita nombrado.

Ya tendrán los empleados

dinero para gastar.

Ya podrán todos robar,

pues DONATO se murió,

y con su vida pagó

por querernos libertar"

Información y décima suministrada por el señor Narciso Villalba en Pampatar, 1969

DÉCIMAS AL GENERAL RODRÍGUEZ

El general José Asunción Rodríguez llena numerosas páginas de la historia Insular. Militar de probado valor. Gobernante de limpias ejecutorias. Ciudadano digno. Trabajador y preocupado por el progreso de región.

Fue jefe de la Restauración en nuestro Estado y desempeñó con eficiencia el Gobierno de Margarita en varias ocasiones. Sirvió con lealtad a dicha corriente política por la cual sufrió persecuciones y exilio.

la vida y obra de este margariteño la estudia, analiza y expone con su ameno estilo, el escritor Don Pedro Celestino Vásquez y Vásquez, en libro de reciente publicación titulado: "Rasgos Biográficos del General José Asunción Rodríguez".

No sólo en la isla en pro de sus ideales luchó el general Rodríguez. Hízolo también en Cumaná, donde logró recuperación de esa plaza tomada por la "Libertadora".

La musa popular cantó esta acción militar y las virtudes del General neo-espartano:

"De Margarita salió
con toda su fuerza armada;
la cual llevó embarcada
y a Cumaná llegó.
Allí bien se organizó
dando la disposición.

• • •

El valiente campeón

triunfó allí gallardamente,

el vencedor en el puente

fue el General Asunción.

Rodríguez no es traicionero

en sus luchas lo ha probado.

No es hombre que se ha pasado

al Gobierno por dinero.

Puro, leal, verdadero,

pues no se puede dudar.

¿Quién se niega a acompañar

a este ciudadano grato?

Para merecer de Castro

se necesita pelear.

Las anteriores décimas nos las dictó en su casa de Pampatar, el 10 de septiembre de 1969, el folklorista don Narciso Villalba, ya fallecido.

LA VENGANZA DE JULIÁN

Don Julián Guevara de grata recordación en su isla nativa y más allá de sus confines, por su talento como músico y compositor, cantador de galerones, afamado bandolinista. Buen compañero de parranda. Amigo generoso y cordial. Excelente persona de trato simpático. Versificador notable, dejó millares de décimas y trovos regados por caminos y pueblos.

Como todo margariteño dedicó tiempo al cultivo y a la cría y a las faenas de la navegación y de la pesca y anduvo por los Caños y los campos petroleros.

Según el testimonio de don Carlos Acosta, quien atesora anécdotas de la picaresca margariteña, en cierta época Julián Guevara fue capitán de un trespuños, en el cual ejercía el comercio de cabotaje. Embarcación de las que en las disposiciones aduaneras de entonces estaba comprendido a la jurisdicción de Puerto Sucre, es decir, que no podía navegar fuera de los puertos de la mencionada Aduana. Sin embargo, Guevara, en varias ocasiones se llegaba hasta Coche u otros surgideros de Margarita para trueques de productos cumaneses por pescado seco, tejas o mapires.

Las ganancias eran exiguas, las cuales muchas veces se esfumaban en las tasas legales o caprichosas que imponían los Resguardos, derechos de lastre, licencias, patentes, zarpes, toques, certificaciones de papeletas, sobordos, aguada, faro, permisos para carga y descarga, rol de tripulantes, lista de ranchos y aparejos.

En cierta oportunidad necesitó Guevara atracar en Marigüitar, más fue advertido por los compañeros de oficio, que tratase de llegar de día para que se ahorrase los derechos de faro que el Cabo de Resguardo cobraba sin tarifa fija.

El trespuños fondeó en horas avanzadas de la mañana y las operaciones se practicaron en forma rápida, y ya a las tres de la larde solicitaba Guevara en la oficina aduanera el despacho respectivo para continuar el viaje.

El Cabo - que además era el Comisario del lugar - expidió el documento junto con la cuenta de gastos donde resaltaban CINCO BOLIVARES POR DERECHOS DE FARO, rubro que Julián se negó a pagar alegando que habla atracado al puerto ya con el sol caliente.

El funcionario, un negrazo de piel lustrosa, puso fin a la disputa arrestando a Julián por 24 horas por irrespeto a la autoridad.

Nuestro cantador pagó el arresto, pero su venganza fueron estos versos que marinos y pescadores se encargaron de pregonar a lo largo y ancho de la costa venezolana:

"Un negro en Marigüitar,
me salió cobrando el faro,
y como yo llegué claro
no le quise pagar.
Si oscuro hubiese llegado
tampoco lo pagaría
pues ni luz se veía
de noche en ese lugar.
De lejos si vi un reflejo:
El Cabo 'e Marigüitar."

Las Pascuas

LAS PASCUAS

Las Pascuasen Margarita se iniciaban después del Día de los Muertos, para concluir en la noche del 2 de Febrero, o sea, después de La Candelaria. Ahora no son ni su sombra de lo que antes fueron, y de las manifestaciones navideñas no quedan si no los recuerdos. A la isla regresaban los margariteños ausentes a "pasar las pascuas" con sus familiares, y por lo tanto todo era regocijo, alegría, cordialidad.

Las fiestas pascuales se manifestaban con la aparición de "disfrazados", misas de aguinaldos, parrandas, sancochos de gallina y de chivo, "diversiones" y "el lloro de las pascuas". De todas ellas apenas si quedan las misas, alguna que otra "parranda" y las "diversiones" ya sin el entusiasmo y el esplendor de otros días.

LOS DISFRAZADOS: En los días precedentes a la "Noche Buena del 24", era corriente la aparición de "disfrazados" en las calles y casa del vecindario. A veces cantaban aguinaldos o canciones típicas, pero generalmente representaban pantomimas o decían chistes o hacían imitaciones de personas y animales, provocando hilaridad a los presentes.

Se vestían con viejos fluxes, casi siempre de casimir azul o negro; la cara cubierta con máscaras de cartón o de lona, sombreros pasados de moda; calzaban alpargatas y medias y, anexo al vestuario, el fuete, "mandador" o "rabo de chucho" con el que se defendían de los muchachos o personas imprudentes que se acercaban a ellos con el "fin de descubrirlos" o reconocerlos, tratando de quitarles las máscaras.

En las casas donde llegaban se les obsequiaba con el "palito de ponsigué" o con algunos centavos. El "valor" que tenían "los disfrazados" estaba en no dejarse reco-cer por las personas del vecindario.

LAS PARRANDAS: Son el alma de las Pascuas, del número de ellas se dirá si las pascuas "estuvieron buenas o malas". Antes se tenía por costumbre que las parrandas recorrerían campos y pueblos. Había algo así como un intercambio de parrandas entre pueblos y vecinos.

Un cuatro, un par de maracas, un furruco, un charrasco, son los instrumentos apropiados para la parranda. A veces se le intercala una "perola". Puede darse el caso que lleve también bandola, bandolín, guitarra o algún instrumento de viento, entonces se dice que es un "parrandón". Uno o dos improvisadores de aguinaldos y los demás integrantes de la parranda constituyen "el coro". El "aire" o música de los versos y las coplas del coro, distingue a una parranda de otra. En esto se llega a un "acuerdo" antes de salir a cantar.

En las casas se cantarán aguinaldos, pero en las calles entonarán gaitas, galerones, malagueñas o polos, *corríos*, fulías o "sabana blanca". En los días antes de Navidad los aguinaldos no mencionan el nacimiento, y en general las coplas tratarán de otros temas: alabanzas al dueño de la casa, "florear" a las muchachas del barrio, temas históricos, religiosos...

Al llegar la parranda a la casa, el cantador hará la debida presentación o pedirá permiso para entrar, después se seguirá cantando:

"Si no me conoces
me hago el conocido.
Soy José González,
nombre y apellido.

"Nombre y apellido
le contesta el coro,
que ya en Margarita
está de otro modo"

"Esta era la casa
que yo les decía,
que al llegar a ella
la puerta se abría".

"Buenas noches doy,
mi parranda llega
y a los corazones
tristes los alegra".

"Esta casa es grande
tiene cuatro esquinas
y en el patio tiene
rosa y clavellina".

"Quién es esa niña
vestida de rosa,
la niña Susana
que es la más hermosa".

"la Estrella del Norte,
peleó con la luna,
porque no encontró
su niña en su cuna".

"El día de Año Nuevo
voló una paloma,
y se fue a parar
al puente de Roma".

"José Antonio Sucre,
Páez y Urdaneta.
pelearon al son
de pito y corneta".

"Allá en Carabobo
fue la gran batalla,
en donde Bolívar
demostró su espada".

El día de los Inocentes, los parranderos cantarán aguinaldos que "no pegan", es decir, sin rimas, lo cual constituye motivo de risas:

"El Niño Jesús
nació caminando,
lo encontró su hermano
con un cabo e' vela."

"Por qué no me dices
quién te enamoró.
El toro de la casa tiene
dos banderas."

LOS SANCOCHOS: Toda parranda concluye o hace un alto para el tradicional sancocho de gallina o de chivo. Las gallinas se consiguen de regalo en las casas donde se canta, o "por lo arriesgada y grata empresa del robo". Mientras se entonan los cantos, los más "avispados" del grupo se van al patio sigilosamente y hacen su agosto sobre las "matas de yaque" o en el "corral de los chivos". En cada pueblo hay personas especializadas en hacer sancochos y a ellas se le llevan las gallinas y las "vituallas" (verduras). A ciertas horas del día, de noche o de madrugada se servirá el sancocho. Hay también los que en pascuas se dedican a "robar sancochos" y se valen de numerosas tretas para realizarlo, desde el soborno a las cocineras, los agarres, los cortes de cables de la luz, falsas alarmas...

El robo de gallinas y demás cosas que en otras épocas pueden constituir delito, se justifican con el "estamos en Pascuas". Época en que todo se perdona, "pues no sabemos si el año que viene estamos vivos, y por una gallina no vamos a buscar enemistades".

LAS DIVIRSIONES: Bailes de pájaros o pantomimas de temas diversos que casi siempre expresan críticas o narran sucesos acaecidos en los pueblos constituían hermosa nota de colorido y alegría en los días navideños. Hubo diversiones que aún hoy se recuerdan con admiración tales como "El vapor", "La Burriquita", "La Vaca", "el Mono Requembeche", "El Camaleón", "La Puerca", "El Carite", "El Sebucán de Velásquez"

LLORAR LAS PASCUAS: Ya a la altura de la última noche de Reyes, un grupo de parranderos se lanzaban a las calles a "Llorar las Pascuas". Los instrumentos con cintas de luto y lso cantores al terminar cada verso lanzaban alaridos y gritos, "quién sabe si gozaremos las que vienen" y la copla del coro:

"Las pascuas se fueron

Ellas volverán

Nosotros nos vamos

Y no volvemos más"

Pero las pascuas morirán definitivamente el "día de la Candelaria", cuando todavía podían aparecer "diversiones" y "parrandas" y podían robarse gallinas y chivos para sancochos.

Pampatar: Diciembre de 1962

Letra de la diversión pascual:
LA BARQUILLA

Coro

Con muchísima alegría

salimos de Pampatar,

con idea de navegar

muy alegre noche y día.

-1 -

Vamos recogiendo fama

cruzando el mar azulino,

por la obra que se llama

Acueducto Submarino.

-2-

Al despegar de la orilla

salimos todos con gusto,

en esta hermosa barquilla

en busca del acueducto.

-3-

Cruzan mares azulinos

por orden del capitán

y cuida los marinos

por donde quiera que van

- 4 -

Cuando vamos en altas mares

se ve la lancha correr

y al llegar a otros lugares

nos llenamos de placer.

-5-

Ya la barquilla acabó
de cruzar estos senderos
y se vara y se varó
por culpa del timonero.

COPLAS DEL ACUEDUCTO

La "diversión" en referencia fue presentada en los pueblos de Margarita con motivo de la inauguración del acueducto submarino. Autor de la "diversión": Efigenio Renato Laborí, de Pampatar quien nos suministró la copla de dicho "canto".

Coro:
Que obra tan bonita,
quiero que se estime
desde Costa Firme
hasta Margarita.

-1-

Voy a hacer mención
por el acueducto
que nos da el producto
de la salvación.

- 2 –

Para Margarita
Gallego aspiraba
la obra mencionada
que hoy se realiza.

- 3 -

Que obra tan rara
Gallego aspiró
y lo decretó
Wolfgang Larrazabal

- 4 -

Lo que hoy se ve

antes era un sueño

ya el margariteño

no muere de sed.

- 5 -

La obra en realidad

Se hizo a poco

Para calmar un poco

la necesidad".

Información de Efigenio Renato Laborí, Pampatar: 1958.

Coplas de la Diversión Pascual
LA CHIVA

Coro:

'la cabra amarilla

corrió y me topó

es la maravilla

del 62

- 1 -

Señores pido permiso

para bailar esta chiva

que está flaca y amarilla

comiendo abrojo y carrizo

- 2 -

Hasta el cerro de la Ballena

fue buscando qué comer

sería de tanto beber

tenía la barriga llena.

-3-

Tengan cuidado muchacho

con la cabra caramera

puede salir en carrera

ten cuidado con los cachos

-4 -

Un señor está empeñado

en matar una cabrita

como la ve tan flaquita

parece que está engañado.

-5-

la cabra salió corriendo

pero no se el escapó

porque la fue persiguiendo

y por fin que la enlazó."

Información de Efigenio Renato Laborí, Pampatar:

AGUINALDOS

-1 -

"Yo no quiero vino
ni tampoco ron,
yo lo que deseo
es buena atención"

-2-

"La Virgen María
parió en un rincón,
un muchacho hermoso,
un rolo e' varón"

-3-

"El Niño Jesús
nació en la Caranta,
le cortó el maruto
la negra Crisanta"

-4 -

"Poetas y cantores,
digan la verdad,
el Niño Jesús
nació en Pampatar"

-5-

"El Niño Jesús
te mandó a decir
que me quieras mucho
y me hagas feliz"

-6 -

"El Nirto Jesús
te mandó un recado,
que me des un beso
como mi aguinaldo"

-7 -

"San José y la Virgen
la mula y el buey,
fueron los que vieron
al Niño nacer".

-8-

"Quién es esa niña
que canta en el coro,
la Niña Ruperta
la garganta de oro."

-9-

"Quién es esa joven
vestida de blanco,
la Niña Isabel
la flor de mi encanto"

- 10-

Dile a quien te mira
 que yo soy tu dueño,
este palo de hombre
que te quita el sueño".

-11-

"Dile a quien le mira
que tenga cuidado:

tu nombre en mi pecho
lo tengo grabado".

-12 –

"Si tú me desprecias
me quito la vida
con un litro de ron
que es buena bebida".

-13-

"Si ves que la aurora
no pinta sus rayos,
es porque en mi pecho
me tienes borrado".

-14-

"Yo vengo de la mar
sin una sardina,
pa' que me consueles
con una caricia".

-15-

"Quién fuera la luna
y quién tuera el sol,
quien fuera reliquia
de tu corazón".

- 16-

"Si ves que mi canto
no me sale bien,
es porque tu nombre
lo tengo en mi cien"

-17-

Adiós niña hermosa

cantando me voy,

volveré a tu puerta

en otra ocasión".

- 18-

"Adiós, compañeros

que ya viene el día

con su sol radiante

de luz y alegría".

-19-

"El año que viene y

o no sé si aguanto

si no vengo estoy

en el camposanto".

Recogidas en varios sitios de Margarita.

COMPADRES Y COMADRES DE PAPELITOS

Algo muy peculiar de las Pascuas y particularmente del día de Año Nuevo, era la elección de los "compadres y comadres de papelitos"; costumbre que se ha perdido ya en nuestros pueblos y campos.

En el mencionado día se reunían en alguna casa del vecindario grupos de muchachas para proceder a la elección. Se elaboraban sendas listas de hombres y mujeres y ya escogidos se escribían los nombres en trocitos de papel y se introducían en sombreros o bolsas. Los papelitos se "revolvían bien" y luego se procedía al sorteo. Una "persona mayor de la casa" iba sacando de cada una de las bolsas o sombreros los papelitos, y una de las muchachas escogida al efecto los iba uniendo con alfileres.

Concluida la rifa, se le entregaba a cada muchacha el nombre "de su compañero" para que hiciese la debida participación.

La joven compraba en la "pulpería" o bodega del pueblo una "postal", y escribía en ella el mensaje al afortunado "que la suerte lo había favorecido con el simpático título de compadre". Esta "postal" adornada con un lazo de cinta, la enviaba con algún muchacho de la casa o con "cualquier vecino que se prestarse a hacer el favor".

El caballero al recibir la postal debía dar el "pié" al aprobar al portador; es decir, pagarle con algunas monedas, y "antes de que pasen los reyes" estaba obligado a enviarle a la dama un "presente" el cual podía ser un frasco de perfume, una caja de polvos, alguna joya o un corte de vestido de buena dase. El presente debía colocarse en un azafate y debía ir acompañado de una "postal", donde manifestase su "complacencia por haber sido distinguido con el honroso título de compadre".

La comadre debía "dar también el pié" al portador, pago que generalmente era una copita de vino, de ponsigué o alguna "mariquita".

Con "el envío del presente", quedaba sellado el compadrazgo entre las dos personas y de allí en adelante el tratamiento entre ellos sería desde entonces del mayor respeto y consideración para toda la vida.

Por eso en la escogida de la postal para la participación y para el envío del presente, debía tenerse sumo cuidado que los "adornos" y "figuras" de dicha "postal" no fueran insinuantes o interpretasen "pasiones o enamoramientos": "manos cogidas". "palomitas con cartas en el pico", "mujeres en las ventanas", no eran recomendables para esta "especie de sacramento".

www.ingramcontent.com/pod-product-compliance
Lightning Source LLC
Chambersburg PA
CBHW020432290526
45785CB00002B/811